형식과 영향력

ESSAYS ONE

Copyright ⓒ 2019 by Lydia Davis
Korean translation rights arranged with Denise Shannon Literary
Agency, Inc. through Danny Hong Agency.

이 책의 한국어판 저작권은 대니홍 에이전시를 통한
저작권사와의 비독점 계약으로 에트르에 있습니다.
신저작권법에 의해 한국 내에서 보호를 받는 저작물이므로
무단 전재와 복제를 금합니다.

형식과 영향력
Forms and Influences
리디아 데이비스
Lydia Davis
자기만의 범주를 만드는
글쓰기에 관하여 서제인 옮김

에트르

그는 그것을 글로 쓰려는 충동을   옮긴이의 말
결코 잃지 않았다

  이 책 《형식과 영향력》은 리디아 데이비스의 《에세이 1 Essays One》에 수록된 글들 가운데 글쓰기에 관한 부분만 따로 모은 책이다. 대부분 데이비스가 육십대 이후에 쓴 글로, 그가 그동안 주로 단편소설을 쓰는 동안 매혹되어온 다양한 형식들과 영향받아온 자료들을 소개하는 일종의 문학적 자서전에 해당하는 글들이다. 동시에, 이 책은 글쓰기를 지망하는 사람들에게 어떻게든 도움이 되고 싶다는 의도로 쓴 강의록이기도 하며, 자신의 글쓰기의 다채로운 재료들을 항목별로 정리해둔 사전처럼 보이기도 한다.

  처음으로 이 책의 텍스트를 읽었을 때 나는 다소 의아했다. 익히 알려진 대로 데이비스는 (극단적인 경우에는 종종 한두 줄만으로 한 편의 작품이 완성되기도 하는) 초단편소설, 산문과 시의 경계선상에 있는 글들, 질문은 지워진 채 대답만 있는 인터뷰, 항의 편지, 연구 보고서 등 독특하고 '기존의 범주에 들어가지 않는' 형식들을 이용해 단편소설을 써왔고, 마침내 그것으로 자신만의 범주를 만들어냈다고 해도 좋을 작가다. 나는 그가 자신이 사용하는 독특한 '형식'들에 대해 소개하고 설명하고자 한 것은 이해할 수 있었다. 모르긴 해도 그는 그동안 대단히 많은 사람들에게서 '형식'에 관한 질문을 받아왔을 것이다. 그의 소설에서 오직 '형식의 특이함'만 보고 끝없이 그것에 대해서만 이야기하려는 사람들에게 무언가 쐐기를 박듯 답해주고 싶었던 건지도 모른다. 내가 조금 놀랐던 건 '영향력' 부분이었다. 자신의 글이 어디어디에서 영향을 받았는지 이토록 숨김없고 투명하게 공개하다니. 이만큼 경지에 오른 거장이 되면 이렇게 욕심이 없어지는 걸까? 그는 이른바 '나의 작품 세계의 비밀' 같은 무언가를 자신만의 손아귀에 꽉 쥐고 있으려는 생각 같은 건 조금도 없어 보였다. 반대로, 마치 '하늘 아래 오직 나만의 것이라고 할 수 있는 건 아무것도 없다'는 듯 자신이 영향받은 사람들과 작품들을 남김없이 공유해주었다. 그렇지만 데이비스의 단편을 집대성한 작품집 《불안의 변이》(강경이 옮김, 봄날의책, 2023)를 읽으며, 나는 '이건 아무리 봐도 하늘 아래 이 사람밖에 쓸 수 없는 글들'일 거라고 몇 번이고 거듭 생각했다. 그는 사뮈엘 베케트와 토마스 베른하르트와 프란츠 카프카와 어니스트 헤밍웨이에게 영향을 받았다고 쓰고 있지만, 근원을 밝혔는데도 그의 개성이라는 마법은 사라지기는커녕 오히려 강렬해질 뿐이었다.

나는 데이비스의 작품에 배어 있는 독창성의 근원을 조금 다른 곳에서 찾고 싶다. 물론 듣던 대로 다양하고 희한한 방식으로 주의를 끄는 '형식'들도 재미있긴 했지만, 그보다 내게 인상 깊게 다가온 건 그의 글에서 감지되는 호기심이었다. 아니, 정확히 말하면 그 호기심의 방향과 집요함이라고 해야 할까. 데이비스의 소설들에는 다른 사람들의 눈을 붙잡아야 한다는 강박이라고는 한 톨도 담겨 있지 않다. (그렇다고 '대중으로부터 외면받아 우월해지고자 하는 욕망'이 담겨 있는 것도 아니다.) 그의 소설은 '남들이 보기에' 재미있는 것이나 깊이 있는 메시지나 그도 아니면 아름다움을 담으려는 어떤 성마른 욕망에서도 비껴 나 있다. 그에게서는 우리가 '소설의 소재가 될 만한 것들'이라고 여기는 프레임의 바깥에 그저 무수히 존재하는 사소하고 평범한 것들을 있는 그대로 포착하고자 하는 욕망만이 드러나는 것 같다.

하지만 내가 느끼기에, 그건 어떤 작가들이 사소하고 평범한 것들에 대해 (아마도 의무감에서?) 무작위로 발산하는 박애에 가까운 마음, 이른바 '인간과 세계에 대한 애정'과는 달랐다. 그는 자신이 포착한 대상들에 (대부분 지적으로) 몹시 강렬한 흥미를 느끼고 있었다. 마치 특징 없이 나열된 숫자들에서 특이한 패턴을 보는 사람처럼 말이다. 그는 그 대상들이 평범해서, 굳이 아껴주고 싶어서 글의 소재로 선택한 게 아니었다. 거기서 무언가 흥미로운 점, 그것도 대단히 흥미로운 점이 발견되었기 때문에 선택한 것이었다. 그리고 아마 이 점이 가장 중요할 텐데, 그는 사람들이 관심 없어 할지 모른다는 이유로 자신이 흥미를 느끼는 대상에 대한 호기심을, 그것을 글로 쓰고자 하는 충동을 결코 잃지 않았다. 쉽게 들리지만, 얼마나 많은 작가들이 남들의 눈에 들기 위해, 독자들의 심기를 거스르지 않기 위해, 팔리기 위해 그것들을 포기함으로써 자신의 눈과 목소리를 잃어버리는지 생각해보면 결코 쉽지 않은 이야기다. 데이비스는 단호하게 말한다. 자신의 충동을 검열하지 말라고. 자신의 본능을 믿으라고. "어떤 글이든, 그 글의 청중이나 독자가 되는 사람들은 결국에는 특수하고 한정된 사람들이다. 모든 사람에게 호소하거나 심지어는 해명까지 하려고 애쓸 필요는 없다."

이 책 《형식과 영향력》에서 우리는 데이비스가 소설가로서 흥미와 호기심을 느껴왔던 대상들을 낱낱이 확인할 수 있다. 그는 처음에는 전통적인 단편소설을 쓰려고 애를 써봤지만 재미가 없었다고 고백한다. 초단편소설이라 불리는 아주 짧은 소설들을 시도해본 뒤에야 글쓰기가 짐처럼 느껴지기를 멈추고 즐거워지기 시작했다고 말한다. 그는 자신에게 흥미로운 형식들을 탐구하고 작가들을 발견해나가며 계속해서 호기심의 영토를 넓혀가기 시작한다. 그리고 데이비스의 이야기를 따라가며 무언가에 흥미를 느끼는 데이비스를 바라보는 일은 우리에게도 그 자체로 흥미롭다.

  그는 어떤 작가가 문학사적으로 어디에 위치하는지, 그 작가의 작품이 독자와 사회에 던지는 메시지가 무엇인지보다는 그 작가가 왜 그렇게 문장들을 복잡하게 비비 꼬아 놓는지, 그것이 어떤 효과를 발생시키는지에 더 흥미를 느낀다. 짧은 단상들을 주로 썼던 작가들에게 그 단상들이 개인적으로 어떤 의미를 갖는 형식이었는지에 흥미를 느낀다. 긴 문장들로 된 이야기를 깎아내듯 축약하는 일에, 그 과정에서 벌어지는 변화에 흥미를 느낀다. '오토만'이라는 단어의 울림에, 단어의 어원과 변형 과정에, 고대 영어의 리듬에 흥미를 느낀다. 어머니가 옛날에 적어 둔 메모에, 자신에게 온 광고 메일의 어색한 문법과 기이한 내용에 흥미를 느낀다. (얼마나 흥미를 느꼈던지, 그는 이런 작은 메모나 메일을 자기 글의 단독 소재로 채택하기까지 한다. 그는 이런 식으로 다른 사람이 써둔 글을 원재료 삼아 그것에 최소한의 변형만 가하면서 자신만의 방식으로 재구성하는 일을 즐긴다. 아마도 자신의 눈에 흥미로워 보이는 재료들이 묻혀 있는 바람에 "낭비되지" 않도록 바람을 쐬어주고 싶은 듯하다.

이는 마치 자신만 알고 있기 아까운 작품을 대중들에게 소개하고 싶어 하는 큐레이터의 욕망, 혹은 오래전에 만들어진 음악의 일부를 믹싱해 세상에 다시금 내보내고자 하는 DJ의 욕망과도 비슷해 보인다. 이런 욕망에서는 반드시 자신이 세상의 중심이 되어 마이크를 독점할 필요는 없다는, 이렇게 수많은 주체들이 언어를 재료로 함께 벌이는 문학 행위라는 거대한 향연에 자신 역시 한 사람으로 참여하고 있다는 사실이 의미 있을 뿐이라는 겸허한 태도가 엿보이는 것 같기도 하다.)

그리고 그는 무엇보다 자기 자신이 무엇에 흥미를 느끼는지에 흥미를 느낀다. 그것을 과학자처럼 면밀하게 관찰하고, 모든 경우의 수를 한 번씩 다 거쳐가며 어느 경우에 흥미가 유지되고 어느 경우에 떨어지는지를 시험해본다. 그의 어떤 작업들은 마치 자기 자신을 대상으로 삼아 인간이라는 존재 전체에 대해 하는 시뮬레이션처럼 보이는데, 그런 태도에서 독특한 유머가 생겨난다. 이렇게 우선 작가로서 자신의 욕망과 관심사에 호기심을 갖는 작업을 오랜 시간에 걸쳐 해두었기 때문에, 그는 세상의 다른 타인들과 사물들에 대해서도 똑같이 강렬하고 지치지 않는 호기심을 유지할 수 있었던 것으로 보인다. 그는 그 호기심으로 세상을 관찰하고, 탐구하고, 메모하고, 계속 질문을 던졌으며, 그 결과 결코 독창성을 갈망한 적 없으면서도 누구보다 독창적인 작가가 될 수 있었다.

 그럼에도 데이비스는…… 어떤 면에서는 정말이지 그저 순수하게 독특한 사람이었던 것 같다. 이를테면 그가 중요한 작업 옆에 항상 놓아두었다는, 일종의 '딴짓'을 하기 위한 노트의 존재를 떠올려보라. 써야 하는 글을 쓰기 전에 어떤 기이한 충동에 이끌려 그대로 노트의 몇 장에 쉬지 않고 글을 적어 내려가는, 그리고 그 노트를 며칠에 한 번씩 펴보면서 거기 적힌, 현 상태로는 출간의 의도조차 전혀 없는 문장들을 완벽해 보일 때까지 혼자서 퇴고하는 그를, 그 일에 몰두하며 만족스러워 하고 있는 그를 떠올려보라. (언어에 대한 이런 엄격함은 어디서 연유하는 걸까? 아마도 데이비스가 작가이면서 번역가이기도 하다는 사실에서 온 게 아닐까? 그에게는 이 행위조차도 성실함의 증거라기보다는 거의 자동적인 유희로, 너무 오랫동안 몸에 배어 있어서 이제는 떼어내기가 불가능한, 순전한 재미를 위한 행위인 것으로 보이지만 말이다.)

 정말이지 뜻밖이면서도 다행스러운 건, 리디아 데이비스가 전통적인 것과는 거리가 먼 글들을 써온 작가치고는 너무도 소탈하고 친절하게 자신의 세계를 독자들에게 설명해주고 있다는 점이다. 이 책에 실려 있는 글들은 자신은 '기존의 문학 전통'을 모조리 거부하는 작가라는 듯 젠체하는 얼굴로 몇몇 추종자들만 알아들을 법한 방언을 늘어놓는 글과는 거리가 멀다. 그 자신이 말하듯, 그는 자신에게 흥미로운 형식을 추구하면서도 언제나 기존의 것들을 존중하고 "신의를 지키고자" 했다. 그럼에도 그가 이렇게까지 독자들을 격의 없이 대하면서, 이렇게까지 피가 되고 살이 되는 글쓰기 꿀팁들을 전수해줄 거라고는 미처 예상하지 못했다. 이 책의 많은 부분에서, 데이비스는 우리에게 열등감을 불어넣는 거장의 얼굴이 아니라 자신만의 특제 스튜 만드는 법을 손수 보여주겠다며 자신의 부엌으로 우리를 초대하는 유쾌하고 다정한 이웃의 얼굴을 하고 등장한다.

  그가 자신의 글을 도마에 올리고 퇴고하는 방식을 직접 보여주면서, 자신의 노트(문제의 그 노트다!) 일부를 공개하면서, 여전히 자기 자신과 글쓰기와 미지의 독자인 당신에게 흥미를 느끼면서 들려주는 조언들을 들어보라. 번역하는 동안 나는 정말이지 흥미로웠다. 당신에게도 그럴 수 있다면 무척 기쁠 것 같다.

서제인

옮긴이의 말 5 차례

똑같은 말을 철저히 다른 방식으로
할 수 있는가 15

아주 짧은 이야기 한 편에 대하여 53

날것의 재료는 어떻게 이야기가 되는가 59

근원, 고쳐 쓰기, 순서 그리고 결말 107

한 문장 고쳐 쓰기 147

발견한 재료, 문장 구조, 간결함
그리고 어색한 산문의 아름다움 161

단상, 파편화된 혹은 완성되지 않은 201

좋은 글쓰기 습관을 위한 30가지 조언 233

일러두기
- 이 책은 리디아 데이비스의 산문집 《Essays One》(2019)에서 글쓰기 관련 글을 선별하여 엮은 것입니다.
- 원서에서 강조하기 위해 이탤릭체로 표기한 부분은 고딕체로 표기했습니다.
- 본문의 주석은 내용의 이해를 돕기 위해 모두 옮긴이가 달았습니다.

똑같은 말을
철저히 다른 방식으로
할 수 있는가

전통적인 문학 형식—장편소설, 단편소설, 시—은 진화할지언정 사라지지는 않는다. 하지만 작가들이 수십 년, 수백 년에 걸쳐 차용해온 그보다 덜 전통적인 형식, 좀 더 정의하기 어렵고 보기 드문 형식도 아주 많은데, 초단편소설처럼 전통을 변형한 형식이나, 시와 산문, 우화와 리얼리즘 서사, 혹은 에세이와 소설의 경계에 놓여 있는 것처럼 장르 혼종적인 형식이 여기에 속한다.

나는 좀 더 별난 이런 형식, 특히 내 글쓰기가 진화해오는 여러 해 동안 내가 읽고 고려해온 형식 가운데 몇 가지에 대해 이야기해보고 싶다. 그러니 내 글에 관한 내용도 들어 있기는 하지만, 이 이야기는 대부분 다른 작가들의 글(시와 산문 모두)을 발췌해 논하고 읽어보기 위한 구실이다.

나는 나 자신을 소설가라고 여기지만, 내가 처음으로 쓴 책들은 소규모 출판사에서 출간된 얇은 책들로 종종 시 분야에 꽂히곤 했고, 지금도 가끔은 시인이라고 불리며 시 앤솔로지 작품집에도 실린다. 어느 정도 혼란이 있는 건 이해할 만하다. 예를 들어 내 단편소설집 《새뮤얼 존슨은 분개한다》에는 모두 56편의 글이 들어 있는데, 여기에는 대략 다음과 같이 설명되는 글들이 포함되어 있다. 명상록, 사람 또는 의인화된 동물이 등장하는 우화, 딸꾹질을 곁들인 구술 기록, 배심원 의무에 관한 심문, 가족 여행에 대한 짧지만 전통적인 단편소설, 갑상선 질환에 관한 일기, 형편없이 쓰인 마리 퀴리 전기의 엉망진창인 번역본에서 발췌한 글들, 우리 아버지와 당신의 난로에 대한, 우연히도 한 편의 시로 끝나기는 하지만 상당히 전통적인 서사. 그리고 책 전체에 걸쳐 그저 한두 줄의 문장으로만 이루어진 짤막한 산문 토막들과 행갈이가 되어 있는 한두 편의 글 토막이 여기저기 배치되어 있다.

대학에 들어가 '진지하고' 꾸준하게 글쓰기를, 혹은 글을 쓰려는 노력을 시작했을 때는 관습적이거나 전통적인 서사 구조를 갖춘 단편소설이 유일한 선택지라고 생각했다. 우리 부모님은 두 분 다 단편소설 작가였던 적이 있었고, 어머니는 당시에도 계속 활동하고 있었다. 두 분 다 《뉴요커》에 단편소설이 실린 적이 있었는데, 그 잡지는 정확히 무엇의 상징이었는지는 몰라도—훌륭한 글과 편집, 도시적인 위트와 교양의 상징이었을까?—모종의 상징으로 우리 가족의 삶에 크게 다가왔다. 열두 살 무렵 나는 이미 내가 틀림없이 작가가 될 거라고 느꼈는데, 그렇다면 선택지는 제한되어 있었다. 우선 시인이 되거나 산문 작가가 되거나 둘 중 하나였고, 산문 작가라면 장편소설가나 단편소설가 둘 중 하나였다. 나는 장편소설가가 되겠다는 생각은 해본 적이 없었다. 일찍부터 시를 쓰기는 했지만 시인이 되는 것은 어째선지 선택할 수 있는 것이 아니었다. 그러니 어쨌든 내 작품

중 일부가 산문과 시를 가르는 경계선—그런 것이 있다면—에 정확히 해당되고 심지어 그것을 가로지르기까지 한다면, 내가 그 경계선에 다가가는 건 단편소설의 영역을 통해서가 된다.

대학 때 어느 지적인 친구에게 내 야망은 단편소설을 쓰는 것, 구체적으로는 《뉴요커》에 받아들여지는 단편소설을 쓰는 거라고 자신감과 패기에 넘쳐 말했을 때, 친구는 내 확신에 깜짝 놀랐다. 그는 나를 다소 비웃으면서 아마 그게 내 야망의 전부가 되어버리면 안 될 거라고 넌지시 말하기도 했다. 그의 반응에 너무 놀란 나머지 그때 우리가 이야기를 나누던 맨해튼 거리의 그 길모퉁이가 내 기억에 새겨져 있을 정도다. 브로드웨이 114번가였다. 그건 내 고정관념이 흔들린 사건이었다.

그 뒤로 《뉴요커》에 대해 그다지 예전 같은 신뢰를 품게 되지는 않았지만, 단편소설 쓰기에 명백한 대안이 될 만한 것이 곧바로 눈에 띄지는 않았고, 그래서 나는 그다음 여러 해 동안 그 형식으로 작업하면서 그 방향으로 나아갔다. 단편소설의 주제는 아주 전통적인 것들로부터 서서히 멀어졌지만 말이다. 글쓰기는 어려웠고, 오직 이따금씩만 즐겁고 신나는 일이었다. 어떤 단편소설은 쓰는 데 몇 달이나 걸렸고, 또 다른 소설은 거의 2년이나 걸렸다. 나는 전통적인 조언에 따랐는데, 그 조언이란 내 경험에서 나온 소재와 내가 만들어낸 소재를 결합하라는 것이었다.

그때 읽은 책들이 내게 다른 가능성을 보여주었던 건지도 모른다. 캐서린 맨스필드, D. H. 로런스, 존 치버, 어니스트 헤밍웨이, 존 업다이크, 플래너리 오코너 같은 비교적 전통적인 단편소설 작가들로 구성된 건강한 일상식에 더해, 나는 베케트, 카프카, 보르헤스, 이사크 바벨처럼 형식과 상상력 면에서 좀 더 특이한 작가들의 작품도 이미 맛보고 있었다.

처음으로 사뮈엘 베케트 작품의 어느 페이지에 눈길을 주었을 때는 십대 초반이었다. 너무나도 놀랐다. 나는 마조 드라 로슈의 관능적인 장편소설 여러 편—제법 제대로 된 여학교 도서관에도 들어올 정도의 관능이긴 했지만—과 《제인 에어》 《폭풍의 언덕》 같은 좀 더 고전적인 로맨스 소설, 그리고 사회의 모습을 파노라마처럼 담은, 내가 처음으로 그 문제를 의식적으로 알아차리고 즐긴 작가인 존 더스패서스의 작품들을 거쳐 베케트의 책에 도달한 것이었다. 이제 내 눈앞에 있는 건 《말론 죽다》라는 책이었는데, 그 책의 화자는 자신의 연필을 묘사하는 데 한 페이지나 들였고, 줄거리상으로 첫 번째로 이루어지는 전개는 그가 자신의 연필을 떨어뜨렸다는 것이었다. 나는 그와 비슷한 어떤 글도 상상해본 적이 없었다.

수년에 걸쳐 베케트의 작품을 읽고 그로부터 무언가를

배우기 위해 최선을 다할 만큼 내 흥미를 계속 자극했던 특징들이 무엇이었는지 좀 더 정확히 알아보기 위해 지금 다시 그의 작품을 읽어보면, 적어도 다음과 같은 점들이 눈에 띈다.

그는 고대 영어로 된 운문 작품에 가까운 작품을 만들어 내기 위해 앵글로색슨어와 두운을 사용했고, 앵글로색슨어 어휘를 정확하고 듣기 좋은 방식으로 사용했다.

그는 다음 예와 같이 복잡하고 거의 말도 안 되게 꼬여 있으면서도 틀린 데는 없는, 어쩌면 작품 자체에 대한 논평일 수도 있지만 그저 즐거움을 위한 것으로 보이기도 하는 문장 구조를 사용했다. "만약 그것이 자신이 말하는 대상인 그가 아니라 다른 사람에 대해 말하고 있다면 그것은 말하지 않을 것이다."

그는 이미지를 능숙하게 다뤘고 유머 감각도 있었다. 낭만적이거나 서정적인, 나 또한 제법 즐겼던 전통적인 글쓰기 방식을 조롱하고 있다는 게 거의 확실했지만 말이다. "작은 여름 별장. 간소한 6면체."

리듬과 두운에서 오는 듣기 좋은 소리. 그리고 인물에 대한 의외로 연민 어린 묘사. 이 둘 사이의 균형을 맞추는 그만의 방식이 있었다. "그리하여 그는 자신에게 남은 이성으로 추론해보고 잘못 추론한다."

그리고 마지막으로, 너무도 빈틈없이 정확해서 우스꽝스러워지기는 했지만 동시에 감동적이기도 한 그의 예리한 심리 분석이 있었다. "와트가 평온하고 자유롭고 기쁜 기분이었다는 건 아닌데, 그는 그런 기분이 아니었고, 한 번도 그런 기분이었던 적이 없었기 때문이다. 하지만 그는 어쩌면 자신이 평온하고 자유롭고 기쁜 기분일지도 모른다고, 적어도 평온하면서 자유롭거나, 자유로우면서 기쁘거나, 기쁘면서 평온한 기분일지도 모른다고, 만약 평온하면서 자유롭거나, 자유로우면서 기쁘거나, 기쁘면서 평온한 기분이 아니라면 적어도 평온하거나 자유롭거나 기쁜 기분일지도 모른다고, 알지 못한 채 생각했다." (여기서 그는 의심할 여지 없이 전통적이고 감상적인 글쓰기를 다시금 조롱하고 있다.)

내게 베케트는 글의 형식보다는 언어를 다루는 방식—단어들에 세심하게 주의를 기울이는 방식, 영어라는 풍부한 광맥을 채굴하는 방식, 산문 문체로부터 거리를 두는 아이러니한 방식, 그리고 그의 자의식—때문에 더 흥미로웠는데, 그럼에도 그의 사례는 조이스와 마찬가지로 평생 동안 다양한 형식을 통해 발전해나가는 글쓰기의 모범이 되어주었다. 이 두 작가 모두 시 쓰기에서 시작해 단편소설로, 이어 장편소설 쓰기로 나아갔고, 그런 다음 조이스는 가장 길고 독창적인 장편소설 《피니건의 경야》를, 베케트는 희곡과 더 짧고 점점 더 기이해지는 소설을 썼다. 두 작가 모두 점점 더 많은 독자를 내버려두고 점점 더 자신의 즐거움과 흥미를 위해 글을 쓰는 것처럼 보이는 경지에 이르게 되었다.

내게 본보기가 되어준 작가 중에는 전통적인 형식 안에서 글을 쓰지만 짧게 쓰는 작가들도 있었는데, 이를테면 특히 소설집 《기병대》에 실린 단편들에서 드러나듯 압축미와 감정적인 강렬함 그리고 풍부한 이미지를 지닌 이사크 바벨도 그중 한 명이었다. 그 단편들 중 하나인 〈폴란드로 건너가다〉는 수척한 임신부가 자기 아버지의 시신을 굽어보고 서 있는 장면으로 끝난다.

"좋아요, 선생님." 깃털 이불을 깐 침대를 부여잡고 흔들며 유대인 여인이 말했다. "폴란드인들이 아버지 목을 벴는데, 아버지는 그자들한테 애원하셨거든요. '내가 죽는 걸 내 딸이 보지 않아도 되게 마당에 나가서 날 죽여주시오.' 하지만 그자들은 자기들 편한 대로 했죠. 아버지는 이 방에서 저를 떠올리며 돌아가셨어요. 그리고 이제 저는 알고 싶은가 봐요." 여자가 갑자기 몹시 격한 목소리로 울부짖었다. "이 세상 전체를 통틀어 대체 어디에 저희 아버지 같은 아버지가 또 있을까요?"

결말은 갑작스럽고, 이 이야기는 그 모든 강렬함에도 불구하고 길이는 겨우 두 페이지를 조금 넘을 뿐이다.

내게 본보기가 되어준 작가 중에는 그레이스 페일리도 있었는데, 페일리는 관습적인 이야기의 속도에 저항하면서 모든 문장을 너무도 많은 위트와 풍부한 개성으로, 그리고 세상에 대한 경험에서 나오는 지혜로 빼곡히 채운 나머지 종종 문장들이 폭발할 것 같았다. 페일리의 단편소설 〈소망〉 역시 전부 두 페이지 분량이다. 여기 그 첫 페이지를 옮겨본다.

길에서 전남편을 보았다. 새로 지은 도서관 계단에 앉아 있을 때였다.

잘 지냈어, 내 인생? 내가 말했다. 우리는 한때 27년간 결혼 생활을 한 적도 있었으니 그렇게 말해도 될 것 같았다.

그가 말했다. 뭐? 무슨 인생? 내 인생이라곤 조금도 없었는데.

나는 알겠다고 했다. 의견이 정말로 다를 때는 논쟁하지 않는다. 일어서서 도서관으로 들어가 내가 내야 하는 돈이 얼마인지 알아보았다.

사서는 딱 32달러라고, 18년 동안 연체된 액수라고 말했다. 나는 아무것도 부인하지 않았다. 시간이 어떻게 가는 건지 알 수가 없어서였다. 나는 그 책들을 가지고 있었다. 종종 떠올리기도 했다. 도서관은 겨우 두 블록 거리에 있다.

전남편이 도서 반납 창구로 나를 따라왔다. 그는 무언가 더

똑같은 말을 철저히 다른 방식으로 할 수 있는가

말하려던 사서의 말을 끊고 말했다. 여러 가지 면에서 돌아볼 때, 우리 결혼이 깨진 건 당신이 버트램스 가족을 한 번도 저녁식사에 초대하지 않아서인 것 같아.

그럴 수도 있겠네, 내가 말했다. 하지만 정말이지, 기억 안 나? 우선 그 금요일에는 우리 아버지가 편찮으셨고, 그런 다음엔 애들이 태어났고, 그런 다음엔 내가 화요일 밤마다 모임에 나가야 했고, 그런 다음엔 전쟁이 터졌잖아. 그런 다음엔 우리가 그 사람들하고 더 이상 아는 사이가 아닌 것처럼 느껴졌어. 하지만 당신 말이 맞아. 내가 그 사람들을 저녁식사에 초대했어야 했어.

(그건 그렇고, 발췌한 이 부분에서 작가가 짧은 문장을 얼마나 좋아하는지 알아차려보라. 문장들은 종종 똑같은 패턴을 따르는데, 주어와 동사만으로 이루어진 가장 단순한 패턴이다.)

그럼에도 나는 페일리가 쓰던 종류의 단편소설을 쓰려고 시도해볼 준비는 되어 있지 않았던 것 같다. 그리고 나는 그로부터 10년도 더 지나서야 단편소설의 소재를, 페일리가 그러는 듯 보였던 것처럼 작가 자신의 삶에서 아주 넉넉히 가져올 수 있다는 것을, 혹은 내가 나중에 그랬듯 엄선한 형태로이기는 하지만 작가 자신의 삶에서 거의 **통째로** 가져올 수도 있다는 것을 알게 되었다.

내게 본보기가 된 작품 중에는 또한 카프카의 아주 짧은 글 모음집인 《비유에 대하여》도 있었는데, 이 책에 실린 글 일부는 물론 단편소설보다는 명상록이나 논리학 문제에 가까웠다. 나는 그 글들을 자세히 들여다보았다. 그럼에도 나는 나도, 다른 누구도 아닌 카프카만이 그렇게 이상한 것들을 글로 쓸 수 있다고 생각했던 것 같다.

그 글들은 모두 조금씩 다른 방식으로 작동한다. 예를 들어 다음과 같은 글은 익숙한 전설의 재해석일 수 있다.

이것들은 유혹하는 밤의 목소리이며, 사이렌들 또한 그런 방식으로 노래 불렀다. 그들이 인간들을 유혹하고 싶어 했다고 여기는 것은 부당한 일이 될 텐데, 그들은 자신들에게 발톱과 잉태할 수 없는 자궁이 있다는 걸 알았고, 그 사실을 큰 소리로 한탄했기 때문이다. 그들은 자신들의 한탄이 그토록 아름답게 들리는 걸 어쩔 수 없었다.

—〈사이렌들〉

다음과 같은 또 다른 글은 하나의 의식儀式이 만들어지는 과정이자 그 의식에 대한 논평일 수 있다.

표범들이 사원에 몰래 들어가 제물용 주전자 속에 있던 것을 남김없이 마시는데, 이 일은 몇 번이고 반복되고, 마침내 미리 예측할 수 있는 일이 되어 의식의 일부가 된다.

―〈사원의 표범들〉

다음과 같은 또 다른 글은 역사의 한순간에 대한 재해석일 수 있다.

알렉산더 대왕이 어린 시절에 여러 번의 전쟁에서 성공을 거두었음에도 불구하고, 뛰어난 군대를 훈련시켰음에도 불구하고, 자기 내면에서 세상을 바꿀 힘을 느꼈음에도 불구하고, 헬레스폰트 해협 둑 위에 그대로 서 있을 뿐 절대 해협을 건너지 않았을지 모른다는 상상은 해볼 만하다. 그것은 두려움도 우유부단함도 의지박약도 아니라, 그저 그의 몸무게 때문이었을지 모른다는 상상 또한.

―〈알렉산더 대왕〉

(카프카 자신은 매우 짧은 형식으로 글을 썼던 두 명의 동시대 혹은 이전 시대 작가에게서 영감을 받은 것으로 보인다. 그중 한 명인 스위스 작가 로베르트 발저는 카프카와 마찬가지로 소설가였고, 최근에는 거의 읽을 수 없을 정도로 조그만 글씨로 쓰인 그의 후기 작품들이 해독되기도 했다. 다른 한 명은 '빈 커피하우스의 보헤미안'으로 알려진

페터 알텐베르크로, 20세기로 바뀌던 시기에 글을 썼다.)

나는 오랫동안 카프카도, 좀 더 별나거나 기존과는 다른 여타 작가들도 모방할 만한 본보기로 여기지 않았다. 그때는 나중에 수년에 걸쳐 내게 흥미롭거나 영향력을 행사할 많은 작가들의 작품을 아직 알지 못했다. 이를테면 미국 작가 제인 볼스나 브라질 작가 클라리시 리스펙토르, 스위스 작가 레지나 울만(1921년에 출간된 울만의 단편소설집은 독일에서 선보인 지 거의 100년 뒤인 2015년이 되어서야 영어로 번역되었다)의 단편소설에 담긴 이상한 서사적 목소리들과 기이한 감수성들, 혹은 내가 공항 서점에서 우연히 발견한, 사람을 깜짝 놀라게 만들고 조용한 방식으로 폭력적이며 문장 구조상으로 복잡한 한 단락짜리 단편소설 모음집인 오스트리아 작가 토마스 베른하르트의 《목소리 모방자》, 브라질 작가 마샤두 지 아시스의 장편소설 《브라스 꾸바스의 사후 회고록》에 나오는 아주 작은 챕터들, 스페인 작가 루이스 세르누다가 쓴 몇 단락으로 이루어진 자전적인 단편소설들, 혹은 1940년대, 1950년대 그리고 1960년대에 쿠바 작가 비르힐리오 피녜라가 쓴 수많은 짧고 기발한 이야기들, 마지막으로 내게 너무도 매력적으로 다가온 나머지 최근 5년여에 걸쳐 내가 번역까지 하게 된 네덜란드 작가 A. L. 스네이데르스나 스위스 작가 페터 빅셀의 명상적이고 반쯤 자전적이며 아주 짧은 단편소설들이 그런 작품이다.

하지만 그런 발견의 순간들은 내게 아직 찾아오지 않은 상태였다.

카프카라는 본보기를 아주 오랫동안 인정하지 않고 있던 스물여섯 살 때, 동시대 미국 산문시인이었던 러셀 에드슨의 단편소설집을 읽은 나는 마침내 새로운 방향으로 갑작스레 확 이끌리게 되었다.

그때 나는 뜻대로 되지 않는 단편소설을 붙들고 끝도 없는 씨름을 하고 있었다. 무기력과 무관심을 이겨내려고 애를 쓰고 있었다. 읽고 산책하고 그런 다음 식사를 하곤 했다. 이런 무기력 한가운데 있던 나를 본 한 친구는 이렇게 말했다. "넌 그냥 하루 종일 거기 앉아서 아무것도 안 하는구나!" (나는 아무것도 안 하는 게 아니었다. 나는 고뇌하고 있었다!) 그러다가 나는 《일어나는 바로 그 일》이라는 러셀 에드슨의 책을 읽게 되었다.

몹시 보기 드문 작가인 러셀 에드슨이 쓴 대다수 단편소설의 특징은 가정에서 벌어지는 아수라장을 아주 짧고 환상적이면서 종종 우스꽝스럽게 다룬다는 것인데, 가족 구성원뿐 아니라 때로는 그들의 냄비와 팬, 동물들, 건물, 건물의 일부 같은 것들도 등장인물이 된다. 하지만 그의 어떤 작품들은 서정적인 명상록이거나 좀 더 명랑하게 교훈을 주는 이야기다. 에드슨 자신은 그 작품들을 때로는 시라고, 때로는 우화라고 부른다. 다음에 소개하는 글은 세대에 관한 그의 생각을 담은 짤막한 서정적 서사라 할 수 있다.

한 여자가 자기 어머니에게 말했다. 내 딸은 어디 있죠?
여자의 어머니가 말했다. 너한테서 올라가 나를 거쳐 할머니한테서 나오지. 기차처럼 모든 여자들을 통과해 그 흑갈색 머리카락을 끌면서, 다시 회색으로 흰색으로 흘러가는 머리카락을 끌면서, 신호수Signal Man가 조명을 올려 지나갈 수 있게 해주기를 기다리면서.
그 애가 뭘 기다린다고요? 여자가 말했다.
신호수가 조명을 올려 지나갈 준비를 할 수 있게 해주기를.
— 〈신호수를 기다리며〉

다음의 이야기는 가족 사이에 일어나는 좀 더 잔인한 상호작용을 보여준다.

일어나요, 무언가가 죽는 소리가 들렸어요, 여자가 다른 무언가에게 말했다.
다른 무언가는 여자의 아버지였다. 날 다른 무언가라고 부르지 마라, 아버지가 말했다.
그 무언가는 아침식사를 위해 죽은 걸까요? 여자가 말했다.
네 엄마가 남편한테 주는 건 늘 죽은 무언가지, 아버지가 말했다. 죽은 내 딸처럼 말이야. 그 애는 내면이 죽어 있지. 그 안에 살아 있는 건 아무것도 없어. 마음도, 어린애도.
그건 사실이 아니에요, 딸이 말했다. 난 여기 이 안에서 살려고 애쓰고 있어요. 밖으로 나가는 게 두려울 뿐이에요.
거기 안에 있다면 오, 어서 나오렴. 특별 요리를 먹게 되겠구나. 아침으로 죽은 딸, 점심으로도 죽은 딸, 저녁으로도 죽은 딸, 사실 우리의 남은 평생 동안 죽은 딸을 먹게 되겠는걸.
—〈죽은 딸〉

그리고 다음에 소개하는 극적인 이야기에서는 인간뿐 아니라 무생물도 등장인물이 된다.

여자가 막 침대 정리를 마쳤다. 벽이 아래로 몸을 기울이더니 여자의 침대 위에서 잠들었다. 그러자 천장 역시 잠자리에 들기로 마음먹었다. 벽과 천장은 서로를 밀치기 시작했다. 그러다가 천장이 바닥에서 잠드는 게 제일 좋겠다는 것으로 결정이 났다. 그런데 바닥이 말했다. 나한테서 내려가. 너 너무 짜증 나. 그런 다음 바닥은 밖으로 나가 잔디밭에 누웠다.
너희들 모두 그만두지 못하겠니, 여자가 소리 질렀다.
그러자 나머지 벽들이 하품을 하며 말했다. 우리도 피곤해.
그만 그만 그만, 여자가 소리 질렀다. 전부 잘못돼가고 있어.

모든 게 너무 너무 너무 잘못돼가고 있다고.
여자의 아버지가 돌아오더니 말했다. 내 집이 왜 부서져 있지?
왜냐하면 모든 게 갑자기 잘못돼버려서 그래요, 여자가 소리 질렀다.
넌 왜 소리를 지르는 거고 내 집은 왜 부서져 있는데? 아버지가 말했다.
몰라요, 몰라요, 그리고 아버지, 내가 소리를 지르는 건 너무나 속이 상해서예요, 여자가 말했다.
그거참 이상한 일이로구나, 아버지가 말했다. 산책을 갔다가 돌아와보면 상황이 좀 달라져 있을지도 모르겠군.
아버지, 여자가 소리 질렀다. 왜 이런 일이 생길 때마다 저를 그냥 두고 가시는 거예요?
왜냐하면 내가 돌아와보면 상황이 달라져 있을 테니까, 아버지가 말했다.

―〈일이 잘못될 때면〉

나는 몇 가지 이유에서 에드슨이 내게 하나의 길을 열어주었다고 생각한다. 그 이유 중 하나는 그의 짧은 이야기 전부가 성공적이지는 못했다는 것이다. 어떤 이야기들은 그저 유치했다. 어쩌면 이건 에드슨이 그 이야기들을 쓴 방식과 관련이 있을지도 모른다.

똑같은 말을 철저히 다른 방식으로 할 수 있는가

내털리 골드버그의 《뼛속까지 내려가서 써라》에는 에드슨이 작업하는 방식이 다음과 같이 묘사되어 있다.

그는 타자기 앞에 앉아 한 번에 열 편의 서로 다른 짧은 작품을 쓴다고 했다. 그런 다음 나중에 돌아와 그것들을 다시 읽어본다고. 어쩌면 열 편 중에 한 편은 괜찮을 테고, 그러면 그는 그 한 편을 살린다. 그는 첫 문장이 괜찮게 떠오르면 글의 나머지 부분은 보통 성공하게 된다고 말했다. 여기 그가 쓴 첫 문장 가운데 몇 개가 있다.
"한 남자가 비행기의 사랑을 받고 싶어 한다."
"사랑받던 오리가 실수로 요리로 변해버린다."
"남편과 아내가 자기 아이들이 가짜라는 사실을 알게 된다."
"일란성 쌍둥이인 두 노인이 번갈아 살아 있기로 한다."

나는 어떤 이야기는 뛰어나고 어떤 이야기는 좀 약하다고 느꼈다. 그럼에도 그다지 성공적이지 못했던 이야기들은 젊은 작가에게 도움이 되는 두 가지를 내게 가르쳐주었다. 우선 이야기가 어떻게 조립되는지를 좀 더 선명하게 가르쳐주었고, 거기 더해 한 명의 작가가 어떻게 무언가를 시도하고, 실패하고, 다시 시도하고, 부분적으로 성공하고, 다시금 시도할 수 있는지도 가르쳐주었다. 그 이야기들이 세 번째로 내게 가르쳐준 것은, 뛰어난 이야기와 약한 이야기 모두 그랬는데, 아주 힘든 어떤 감정을 톡톡 두드리듯 자극해서 예상치 못한 날것의 형태, 때로는 불합리한 형태로 폭발시키는 방법이었다. 다시 말해 불합리하거나 말도 안 되는 주제를 택하면 힘든 감정이 터져 나오는 일이 사실상 더 쉬워진다는 것이다.

에드슨의 그 책을 읽은 나는 한 단락 길이의 짧은 이야기들을 쓰기 시작했다. 때로는 하루에 딱 한 편만, 때로는 좀 더 많이.

그 이야기들 역시 다양한 원천으로부터 생겨나 다양한 방식으로 작동했다. 다음에 소개하는 짧은 이야기는 당시에 내가 살고 있던 곳의 풍경을 소재로 삼았는데, 그 풍경에서 실제 특징들을 가져왔지만 글 전체가 한 편의 우화나 동화처럼 보이도록 그 특징들을 조립했다.

어느 포위된 집에 한 남자와 한 여자가 살고 있었다. 몸을 웅크리고 있던 부엌 안쪽에서, 남자와 여자는 작은 폭발음을 여러 번 들었다. "바람이네요." 여자가 말했다. "사냥꾼들이에요." 남자가 말했다. "비가 오나 봐요." 여자가 말했다. "군대예요." 남자가 말했다. 여자는 집에 가고 싶었지만 이미 집에 있었다. 거기 시골 한복판 어느 포위된 집에.

—〈어느 포위된 집에〉

똑같은 말을 철저히 다른 방식으로 할 수 있는가

다음의 또 다른 이야기는 전적으로 내가 상상해낸 것이지만 실재하는 감정에 바탕을 두었다.

소녀는 단편소설 한 편을 썼다. "그런데 네가 쓴 게 장편소설이면 훨씬 더 좋을 텐데." 소녀의 어머니는 말했다. 소녀는 인형의 집을 만들었다. "그런데 이게 진짜 집이면 훨씬 더 좋을 텐데." 어머니는 말했다. 소녀는 아버지를 위해 작은 베개를 하나 만들었다. "그런데 이것보다는 누비이불이 실용적이지 않겠니?" 어머니는 말했다. 소녀는 정원에 작은 구멍 하나를 팠다. "그런데 네가 판 게 커다란 구멍이면 훨씬 더 좋을 텐데." 어머니는 말했다. 소녀는 정원에 커다란 구멍을 파고 그 안에 들어가 잠을 잤다. "그런데 네가 영원히 잠들면 훨씬 더 좋을 텐데." 어머니는 말했다.

—〈어머니〉

이런 이야기 중 일부는 다듬어지지 않은 채 미완성으로 남았다. 일부는 좀 더 길어져서 한두 페이지나 그 이상이 되기도 했다.

한데 묶어놓고 보면, 이런 초단편소설들에는 내가 전에 했던 작업과는 다른 분위기가 감돌았다. 이 이야기들은 좀 더 대담했고 자신감과 모험심으로 넘쳤다. 쓰는 즐거움도 더 컸고, 더 쉽게 써지기도 했다. 그 시점까지 글쓰기가 종종 힘겨운 작업처럼 느껴졌다면, 이제 나는 글쓰기가 즐거워지기 시작한 것이었다.

이 시기에 쓴 좀 더 긴 이야기 중 하나는 〈노클리 씨〉였는데 이런 문장으로 시작한다. "어젯밤 우리 이모가 불에 타 죽었다." 이 이야기가 에드거 앨런 포의 단편 〈군중 속의 사람〉으로부터 영향받았을 가능성이 매우 높다는 건 훨씬 나중에야 깨달았다. 두 이야기 모두 도시의 거리 구석구석을 다니며 한 남자를 쫓는 화자의 집착이 중심 줄거리를 이룬다. 그리고 시간이 지나면서 나는 어떤 형식들은, 심지어 동요 같은 형식들도 듣거나 읽는 우리의 내면에 새겨진다는 것을, 그리고 우리가 나중에 하는 작업들이 미리 만들어져 있던 바로 그 거푸집 속으로 미끄러져 들어가기도 한다는 것을 알게 되었다.

나는 그로부터 몇 년에 걸쳐 러셀 에드슨의 모든 책을 사다 읽지는 않았다. 방향의 변화를 일으키기에는—종종 한 페이지나 한 편의 글만으로도 충분하듯—책 한 권이면 충분했다.

기존의 전통적인 형식에 맞춰 글을 써야 한다는 생각이 더 이상은 들지 않았다. 그 뒤로도 전통적인 서사가 있는 단편소설에 대해서는 여전히 신의를 지켰고 가끔 다시 써보기도 했지만, 그러는 한편으로 나는 기존의 형식을 떠나 계속 다른 형식들을 시도했다. 형식들은 때로는 그냥 내 머릿속에 떠올랐고, 때로는 다른 작가의 작품으로부터 직접 영감을 받아 생겨나기도 했다.

예를 들어, 러셀 에드슨을 처음으로 읽은 지 12년이 지난 어느 날 나는 캘리포니아 해안선을 따라 내려가는 기차 안에서 미국 시인 밥 페럴먼의 시를 읽고 있었다. 페럴먼은 자신의 시 속에서 무엇을 하고 있었을까? 문법 수업을 열고 있었다! 나는 깜짝 놀랐다. 정말 이런 일이 가능한 걸까?

밥 페럴먼의 시집 《독자에게》에 나오는 시 〈비유에 유혹되어〉의 첫머리는 다음과 같다.

> afford(여유가 있다), agree(동의하다), arrange(정리하다)에는 to 부정사를 써라.
> 나는 죽는 데 동의하지 못하겠다(I can't agree to die).
> practice(연습하다), imagine(상상하다), resist(저항하다)에는 동명사를 써라. 나는 살기 위해 연습한다(I practice to live)는 말은
> 틀렸다.

기차나 다른 대중교통수단은 종종 생각을 하고 글을 쓰기에 매우 좋은 장소가 된다. 이 시를 읽은 뒤 나는 생각했다. 이런, 단편소설 속에서 프랑스어를 가르쳐도 되겠는걸. 단

편을 쓰는 건 영어로 쓰지만 거기에 프랑스어 단어들과 언어에 관한 생각들을 집어넣을 수도 있겠고. 나는 그 이상의 계획은 아무것도 없이 바로 그 기차 안에서 〈프랑스어 수업 1: Le Meurtre〉를 쓰기 시작했다.

vache들이 언덕을 느릿느릿 걸어 올라가고 있네요. 엉덩이에 머리를, 또 엉덩이에 머리를 대고. vache가 무엇인지 배워봅시다. 우리는 아침에 vache(암소)의 젖을 짜고, 저녁에 다시 젖을 짜는데, 그럴 때 녀석은 머리를 받침대에 괴고 똥으로 흠뻑 젖은 꼬리를 홱홱 돌리죠. 외국어를 배울 때는 언제나 농장에 있는 가축 이름으로 시작하세요. 한 마리의 동물은 animal이지만 두 마리 이상은 animaux라고 한다는 걸, a u x로 끝난다는 걸 기억하세요. 맨 끝의 x는 발음하지 마시고요. 이 animaux(동물들)은 ferme(농장)에 살지요.

그리고 수업은 계속되다가 짧은 어휘 목록과 함께 끝난다. 훌륭한 시는 언어를 사용하고 사고하는 방식에 있어 거의 언제나 놀랄 만한 무언가를 제공한다. 설령 당신이 지금 당장은 그것들 모두가 의미하는 바를 알아내지 못한다고 해도 말이다.

흥미로운 또 한 명의 시인으로 동시대 미국 시인 찰스 번스타인이 있는데, 그는 시에 있어 이른바 랭귀지 학파*의 창시자 중 한 명이기도 하다. 번스타인은 새로운 형식의 영역이라면 어떤 종류든 과감히 발을 들여놓는 시인인데, 심지어는 비평가 발터 베냐민의 작품과 생애를 바탕으로 오페라 대본을 쓴 적도 있다.

긴 부분들로 나뉜 번스타인의 시 가운데 한 편에는 주차 위반 딱지가 붙은 것에 항의하는 한 통의 편지가 포함되어 있다.

소환장에는 내가 1984년 8월 17일 저녁
82번가와 브로드웨이가 만나는 길모퉁이 북동쪽 횡단보도에 차를 세웠다는
이유로 벌금이 부과되어 있다. 문제의 공간은
길을 가로질러 칠해진 노란색 선들이
보여주듯 82번가에 있는 횡단보도의 동쪽이다. 이
공간은 내가 그 블록에 살아온 10년이 넘는 시간
내내 합법적인 주차 공간이었다. 이 공간에는 언제나

---

* Language School. 미국의 전통적인 시와 그 형식에 대한 반발로 1960년대 후반과 1970년대에 걸쳐 나타난 전위적인 경향, 혹은 그 경향을 실천했던 일군의 시인들을 가리킨다. 찰스 번스타인, 브루스 앤드루스, 밥 페럴먼 등의 시인이 여기에 속한다. 그들은 시에서 독자가 작품과 상호작용할 수 있는 새로운 방법을 만들어내는 것을 목표로 했다.

차들이 주차되어 있고 지금껏 계속 그래 왔다. (어제와 오늘 내가 지켜본
여러 대의 차에는 주차위반 딱지가 붙지 않았다.) 내가 보기에, 현재
횡단보도 페인트는 82번가와 83번가 모두에
흰색으로 새로 칠해지는 중이다. 현재로선 그 절차는 아직 완료되지 않았다.
선들이 새로 칠해지는 일이 끝나면 몇몇 공간들은
없어질지도 모른다. 그러나 내가 주차위반 딱지를 받아들였을 때 보았듯
그 선들은 노란색 선들 위로 칠해지는 것 같지는 않았는데, 그 노란색
선들에 따르면 나는 분명 그 공간에 주차할 권리가 있다.
기타 등등.

― 〈사업을 하는 안전한 방법〉

이 글이 어떻게 한 편의 시로 작동하는지를 설명하기는 어렵다. 이 시 전체는 26행으로 되어 있다. 분명 이 시는 위에서 언급한 밥 페럴먼의 시와 같은 규칙에 의해 작동하지는 않는다.

내가 찰스 번스타인의 시를 한 편의 시로 읽는 이유는 사실상 다음과 같다. 즉, 한편으로는 이 시에 행갈이가 되어

똑같은 말을 철저히 다른 방식으로 할 수 있는가

있기 때문이고, 또 한편으로는 누가 봐도 좀 더 시처럼 보이는 긴 시의 한 부분이기 때문이다. 또 한편으로는 이 시가 시집에 수록되어 있고 다른 시들에 둘러싸여 있기 때문이기도 하다. 우리가 한 편의 글을 읽는 방식은 어느 정도는 우리가 그 글을 어떤 맥락에서 읽는지에 따라 결정되며, 그 사실 자체가 작가에게는 새로운 가능성을 열어줄 수 있다.

아마도 이런 특이한 형태의 '시'가 머릿속 어딘가에 박혀버렸는지, 그 뒤에 나는 항의 편지가 단편소설을 쓰기에 좋은 형식이라는 생각을 하게 되었고, 유골cremains이라는 단어 사용에 항의하는 〈장례식장에 보내는 편지〉를 썼다. 이 편지는 실제로 보내기 위한 한 통의 진심 어린 서신으로 시작되었는데, 쓰면서 편지 자체의 문체에 휩쓸리는 바람에 보내기에는 너무 문학적인 글로 변해버렸다.

이 작품을 쓴 뒤 나는 내가 항의해야 하는 문제들이 그것 말고도 얼마나 많은지 깨닫게 되었고, 그래서 세 편을 더 썼다. 보스턴에서 먹는 유명한 생선 요리인 '대구 새끼scrod'의 철자가 메뉴판에 틀리게 적힌 것에 항의하는 〈호텔 매니저에게 보내는 편지〉, 방금 구입한 양철로 된 값비싼 박하사탕 용기 속에 회사가 넣었다고 주장하는 박하사탕 개수의 3분의 2밖에 들어 있지 않다고 알리는 〈페퍼민트 사탕 회사에 보내는 편지〉, 그리고 냉동 완두콩 포장지에 들어간 삽화에 항의하는 〈냉동 완두콩 제조사에 보내는 편지〉가 그것이었다.

어떤 영향력은 실제로 어떤 일이 있고 나서 한참 뒤에야 자신을 드러내지만, 어떤 영향력은 대단히 의식적으로 작동한다. 오래전 어느 날, 나는 데이비드 포스터 월리스의 《무시무시한 남자들과의 짧은 인터뷰》를 읽고 있었다. 책은 읽기가 힘들었는데, 거기 나오는 남자들이 정말로 무시무시했기 때문이다. 하지만 그 책의 형식은 강렬했다. 각각의 인터뷰에 답변들은 길게 주어져 있었지만 질문들은 빈칸으로 남겨져 있었던 것이다. 그 책을 끝까지 읽지는 못했지만 그 형식은 내 머릿속에 남았다. 그로부터 얼마간 시간이 지나 배심원으로 소환되는 흥미로운 경험을 하고 나서 그 일에 대해 쓰고 싶어진 나는 이 형식이 그 글에 사용하기 완벽하다고 느꼈다. 〈배심원 의무〉라는 제목이 붙은 단편소설의 내용은 나 자신의 경험에서 거의 통째로 가져온 것이지만, 이야기는 질문자 혹은 증인 심문관의 질문을 비워둠으로써 허구로 변형되었다.

그 단편은 이렇게 시작한다.

문:
답: 배심원 의무입니다.
문:
답: 그 전날 밤에 저희는 말다툼을 하고 있었습니다.
문:

똑같은 말을 철저히 다른 방식으로 할 수 있는가

답: 저희 식구는 넷입니다. 음, 그중에 한 명은 더 이상 한집에 살고 있지 않지만요. 하지만 그 한 명도 그날 밤에는 집에 있었습니다. 다음 날 아침에 떠났고요. 제가 법정에 나가야 했던 바로 그날 아침입니다.

문:

답: 저희 네 명 모두가 말다툼을 하고 있었습니다. 가능한 모든 방법으로요. 저는 그때 막 문제를 알아내려고 애를 쓰고 있었고요. 네 명이 말다툼을 하는 데는 아주 다양한 조합이 존재하죠. 1대1, 2대1, 3대1, 2대2, 뭐 그런 식으로요. 저희는 거의 가능한 모든 조합으로 말다툼을 하고 있었다고 확신합니다.

문:

답: 지금은 기억이 나지 않아요. 웃기네요. 그때는 분위기가 그렇게 격했는데 말이에요.

이 형식은 드러나지 않는 질문들을 보며 할 수 있는 생각 때문에 재미있다. 질문이 무엇이었는지는 때로는 명백하다. 이를테면 우리는 이 이야기 속 질문자가 소저너 트루스—노예였다가 여성 인권 운동가가 된 인물—라는 이름을 잘 알아듣지 못했다는 걸 알게 되는데, 그 이름이 여러 번 반복되기 때문이다. 하지만 이야기의 다른 지점들에서는 질문자가 무엇을 질문했는지 짐작하기가 불가능하다. 나는 이 단편소설을 "네!"라는 대답으로 끝맺었는데, 당신은 질문이 무엇이었는지 결코 알 수 없을 것이다.

몇 해 전 오랜 시간에 걸쳐 프루스트의 《스완네 집 쪽으로》를 번역하고 있었을 때, 글쓰기를 완전히 멈추기는 싫고 시간은 없는 와중에 나는 내 호기심을 자극하는 또 다른 형식을 시도해보았다. 어쩌면 그렇게 길고 복잡한 문장들을 번역하며 하루하루를 보내고 있었기 때문에—비록 그 작업에 완전히 빠져 있었고 흥미진진하기까지 했지만—한 편의 글에 내가 여전히 어떤 의미를 담으면서도 얼마나 짧게 쓸 수 있는지 알고 싶어졌던 건지도 모른다.

어쩌면 내가 수년간 게시판에 꽂아 보관해두었던 한 장의 엽서 역시 내게 영향을 끼쳤는지도 모른다. 그 엽서에는 세 줄로 된 시 한 편이 적혀 있었는데, 핀란드 태생의 미국 시인 안젤름 홀로Anselm Hollo가 체레미스어를 영어로 번역한 것이었다.

빨간 털실로 이 손모아장갑 뜨기를 시작하는 게 아니었는데.
장갑은 이제 완성됐지만,
내 인생은 끝나버렸네.

이 시는 너무도 짧지만 읽을 때마다 나를 놀라게 한다. 홀

류한 글이 해야 하는 일은 바로 이런 거라고 나는 생각한다.
　거기에 더해, 어쩌면 이렇게 아주 짧은 형식에 대한 아이디어는 오래전 읽은 카프카의 《일기》 가운데 몇 편으로 인해 머릿속에 뿌리내리게 된 것인지도 모르겠다. 나는 《일기》를 이십대 때 아주 꼼꼼히 읽었다. 이를테면 어떤 한 편의 일기는 전문이 다음과 같다.

　모든 사람이 자기가 서 있는 장소에서 벗어나려고 발을 들어 올리는 일을 영원히 계속하는, 거리에서 드러나는 불만의 풍경.

　카프카는 단지 몇몇 단어만을 사용해 평범한 것을 색다르게 바라보는 방식을 선사한다.
　나는 나 역시 그만큼 짧은—제목과 한두 줄만으로 이루어진—, 그럼에도 경박스럽지는 않은 방식으로 여전히 누군가를 감동시키거나, 아니면 적어도 깜짝 놀라게 하거나, 주의를 다른 데로 돌릴 만한 힘을 지닌 작품을 쓸 수 있을지 궁금했다. 또한 그 글이 확고하게 산문의 영역에 머물러 있었으면 했다.
　여기 내가 쓴, 안젤름 홀로의 시가 지닌 듯한 리듬을 얼마간 지닌 한 편의 글이 있다.

외로운
아무도 내게 전화하지 않네. 자동응답기를 확인할 수도 없네. 내내 여기 있었으니까. 외출을 하면 그동안 누군가가 전화할지도. 그런 다음 집에 돌아와 자동응답기를 확인하면 되겠네.

다음 두 편의 글은 더 짧다.

손
내가 읽는 이 책을 든 손 너머로, 게으르게 늘어지고 살짝 초점이 나간 다른 손이 보이네. 내 또 다른 손이.

명단에 기록된 이름
크리스천, 종교 말고

전해지는 이야기에 따르면 헤밍웨이는 언젠가 자신이 한 줄짜리 단편소설이라 부르는 글을 썼다고 한다. "팝니다. 아기 신발—한 번도 신지 않음." 누군가는 이것을 변형해 인터넷에 다음과 같은 글을 올렸다. "팝니다. 아기 침대—한 번도 쓰지 않음." 하지만 아주 짧은 형식으로 작업하는 작가들은 대개 시인들이다. 새뮤얼 머나시Samuel Menashe라는 시인이 있는데, 그는 종종 네 줄의 짧은 행으로 된 시를 썼고, 작

똑같은 말을 철저히 다른 방식으로 할 수 있는가

품이 흥미로운 것에 비해 너무도 자주 무시를 당하고 있다.

(무제)
불쌍히 여기길
바닷가
모래 위 우리를
아주 잠깐

구체성과 간결함의 장인이라 할 만한 또 한 명의 시인으로 로린 니데커Lorine Niedecker가 있는데, 그는 에즈라 파운드 이후로 한 세대나 그쯤 이어져온 이른바 '객관주의 시인 그룹' 소속의 그다지 잘 알려지지 않은 시인 중 한 명이다. 그의 짧고 간결하지만 함축적인 시 한 편을 소개한다.

(무제)
박물관 아저씨!
아빠가 가래침 뱉는 통을 그 사람이 가져갔으면!
나는 그 통을 가지고 나가
땅속에 묻고
그 위에 돌을 올려놓을 거야.
왜냐하면 위에 그 돌이 없으면
그 통은 또 돌아올 테니까.

이 시는 시인을 괴롭히기 위해 자꾸만 돌아오는, 혹은 돌아올 가능성이 있는, 자기만의 생명력과 의지를 지닌 물건에 관한 시다.

그리고 뉴욕의 우드스톡 근방에서 활동하는, 그저 '스패로Sparrow'라고만 알려진 흥미로운 무정부주의자 시인도 있다. 그는 몇 년 전 《뉴요커》가 오직 재미없고 뻔한 시들만 실어주고, 색다르고 별난 시, 구체적으로 말하자면 그 자신의 시 같은 시들은 실어주지 않는다며 그 잡지사 건물 로비에서 1인 시위를 벌여 (소규모의 사람들 사이에서이긴 하지만, 어쨌든) 유명해졌다. 사실을 말하자면, 결국 《뉴요커》는 그의 시 세 편을 샀고 적어도 그중 한 편은 잡지에 실어주었다. 가끔은 끈질긴 것이, 그리고 항의를 하는 일이 도움이 된다.

스패로는 아주 짤막한 시를 여러 편 썼다. 그 가운데 내 흥미를 잡아끄는 건 서정적이지 않은 시들이다. 나는 그가 사물을 색다르게 바라보는 시들을 좋아한다. 카프카가 몇 편의 일기에서 그랬듯이, 그리고 내가 내 작품 〈손〉에서 그랬듯이. 여기 스패로가 쓴 한 편의 시가 있다.

시
내가 전에 썼던 모든 시들을

똑같은 말을 철저히 다른 방식으로 할 수 있는가

이 시가 대신한다.

그리고 여기 스패로가 쓴 〈헛된 완성〉이라는 또 한 편의 짤막한 시가 있다.

죽는 것의 문제는
더 이상 웃기거나
매력적인 사람이 될 수 없다는 것이다.

이 시를 읽었을 때는 스패로가 쓴 원본인 줄 알았는데, 사실 이 시는 존 업다이크가 쓰고 《뉴요커》에 실렸던 소네트의 '번역본'이다. 나는 이 시를 스패로가 쓴 시 가운데 '《뉴요커》에 수록된 시 번역'이라는 묶음에서 발견했다. 이 시는 스패로가 쓴 《미국: 예언—스패로 작품집》이라는 책에 실려 있었다.

그가 번역한 또 다른 시는 제목이 〈가터뱀〉이다. 스패로의 번역본을 먼저 인용하고, 그다음에 원본 시의 일부를 인용해보겠다.

뱀 한 마리가 잔디 사이로 움직였고
나는 지켜보았다.
S 자처럼 생긴 뱀이었다.

뱀은 멈춰 서더니 아주 가만히 있었다.

뱀이 움직이자 잔디가 살짝살짝 흔들렸다.

에릭 옴스비Eric Ormsby의 원본 시는 훨씬 더 많은 단어로 쓰여 있는데, 내 생각에 이것은 스패로가 벗어나려고 애쓰는 한 가지 특징이다. 원본 시의 첫 연은 다음과 같다.

잔디 사이로 구불구불하게 이어지는
가터뱀의 위풍당당한 물결 모양 몸에서
눈을 떼지 못했네. 뱀은 멈춰 서서 잔디 위로
머리를 높이 들었고, 그 날씬한 몸
우아한 곡선은 '뱀serpent'을 뜻하는
'S' 자를 그리는 듯했지, 아주 작은 위엄이
구체화라는 은혜를 베풀기라도 한 것처럼.

시를 좀 더 따라 읽어보면, 스패로의 번역본에서 "뱀이 움직이자 잔디가 살짝살짝 흔들렸다"라고 표현된 부분의 원본은 다음과 같다.

뱀은 제 물결이 흘러가는 돌투성이 잔디와

똑같은 말을 철저히 다른 방식으로 할 수 있는가

흐릿하게 움푹 꺼진 곳들에
나긋나긋 자잘한 충만함을 주었네
머릿속 모든 관심을 은빛으로 물들이는
우연한 행복처럼 움직이면서.

 이 시는 이렇게 끝난다. 스패로의 더 간단한 버전은 한 편의 시로서는 그다지 성공적이지 않을 수 있고, 어떤 독자들은 풍부함이 더한 원본 시를 더 좋아할 것이다. 하지만 스패로의 번역본은 글쓰기에 관한 여러 흥미로운 질문을 제기하는데, 여기에는 '우리는 똑같은 말을 철저히 다른 방식으로 할 수 있는가'라는 질문도 포함되고, 이는 물론 외국어를 번역할 때 기본적으로 제기되는 질문 중 하나다. '번역을 하면서 당신은 하나의 말을 실제로 똑같은 말로 옮기고 있는가?'
 그 질문을 품은 채 여기서 글을 맺는다.

(2007, 2012)

아주 짧은
이야기 한 편에 대하여

초고:

어느 포위된 집에

어느 포위된 집에 한 남자와 한 여자가 개 두 마리, 고양이 두 마리와 함께 살고 있었다. 쥐들도 있었지만 쥐들을 알아차리는 존재는 없었다. [몸을 웅크리고 있던] 부엌 근처[안쪽]에서, 남자와 여자는 작은 폭발음을 여러 번 들었다. "바람이네요." 여자가 말했다. "사냥꾼들이에요." 남자가 말했다. "연기가 나나 봐요." 여자가 말했다. "군대예요." 남자가 말했다. 여자는 집에 가고 싶었지만 이미 집에 있었다. 거기 시골 한복판 어느 포위된 집에, 다른 누군가에게 속한 집에.

최종 원고:

어느 포위된 집에

어느 포위된 집에 한 남자와 한 여자가 살고 있었다. 몸을 웅크리고 있던 부엌 안쪽에서, 남자와 여자는 작은 폭발음을 여러 번 들었다. "바람이네요." 여자가 말했다. "사냥꾼들이에요." 남자가 말했다. "비가 오나 봐요." 여자가 말했다. "군대예요." 남자가 말했다. 여자는 집에 가고 싶었지만 이미 집에 있었다. 거기 시골 한복판 어느 포위된 집에.

그 시절(스물여섯의 나이로 프랑스 시골에서 지냈던 1973년 가을), 나는 한 번에 정해놓은 몇 시간씩 책상 앞에 억지로 붙어 앉아 머릿속에 떠오르는 건 뭐든—내가 보고 들을 수 있었던 것에 대한 묘사, 혹은 생각과 기억일 때가 많았다—노트에 적어두곤 했다. 단편소설 같은 무언가를 쓸 수 있는 상태가 될 때까지 마음을 다잡기 위해서였다. 〈어느 포위된 집에〉는 내가 놓여 있던 상황과 노트에 해둔 묘사에서 곧바로 나온 글이었다. 실제로 당시 내가 머무르던 집 근처 시골에는 사냥꾼들과 군부대가 있었다. 그런 이유로 이 단편소설의 초고를 쓰기 직전에 내가 쓴 단락은 다음과 같았다.

오늘 아침(침대에 누워 여전히 생각을 정리하려고 애쓰고 있는데) 들려온 사냥꾼들의 총소리. 한 번의 폭발음, 펑 하는 소리. 그런 다음 메아리, 혹은 자욱한 연기가 구릉지에 부딪혀 씻겨나갔다가 되돌아오는 것 같은 반향. 그리고 모든 것이 조용하고 평화로워졌다가 또 한 번 들려온 낮은 총성.

초고에서 최종 원고까지 이 단편소설에 일어난 변화에 대해 말하자면, 고양이 두 마리와 개 두 마리 그리고 쥐들은 잘려나갔다. 동물들은 내 실제 상황의 일부였지만, 아마도 나는 그것들이 이 이야기의 불길한 느낌을 누그러뜨리고 '온순하게 만들어' 버린다고 느꼈던 것 같고, 쥐들을 알아차리고 어쩌고 하는 부분은 확실히 수다스러운 데다 정신을 산만하게 만들었으며 이야기의 요점에서 벗어나 있었다. '몸을 웅크리고 있던'이라는 구절을 삽입하자 극적인 사건이 분명하게 추가되었다. 그냥 '부엌에서'라고만 했더라면, 특히 '부엌'이 (그 안쪽에 몸을 웅크리고 숨어야 하기 전까지는) 편안한 것들을 연상시키는 까닭에 극적인 느낌은 훨씬 덜했을 것이다. '연기'에서 '비'로의 변화는 들을 수 없는 것을 들리는 것으로 대체한다. 소설 마지막을 '어느 포위된 집에'라는 구절로 끝내는 것은, 특히 그 구절이 제목과 일치한다면─비록 제목은 나중에 덧붙여졌지만─'다른 누군가에게 속한 집에'라는, 상관도 없고 마지막에 와서 다소 김이 빠지는 듯했던 구절로 끝내는 것보다 강렬하다. 원래의 구절은 혼란스러운 데다 요점에서 벗어난 정보를 덧붙이기만 했다. 그리고 마지막 변화. 나는 최종 원고가 나올 무렵에는 포위된besieged의 철자를 제대로 알고 있었다.

(2014)

날것의 재료는
어떻게 이야기가 되는가

형식과 영향력에 관한 이 논의를 시작하면서 다시금 내가 초기에 영향받았던 몇몇 작품 이야기를 해보려고 한다. 여기에는 두 가지 목적이 있다. 첫 번째 목적은 내가 글쓰기를 막 시작했을 때 쓰려고 시도했던 전통적인 소설의 예를 드는 것이다. 두 번째 목적은 어떻게 똑같은 경험에서 서로 매우 다른 두 편의 단편소설이 한 편은 초기에, 다른 한 편은 그로부터 40년쯤 뒤에 나왔는지 설명하는 것이다. 이 세 편의 소설 모두에 영감을 준 경험은 내가 고등학교를 졸업한 직후 열여덟 살이 되던 해 여름에 일어났다.

그때 우리 부모님은 부에노스아이레스에 살고 계셨다. 아버지가 겨울부터 그곳과 라플라타에서 강의를 하셨다. 나는 6월에 그곳으로 가 부모님이 어느 영국 음반회사 경영자에게서 전대한, 리베르타도르 대로에 자리한 큼직한 아파트에서 두 달 동안 부모님과 함께 지냈다.

나는 바이올린 연습을 하고, 댄스 수업을 듣고, 가톨릭 보육원에서 자원봉사를 하고, 스페인어를 독학하고, 어머니와 함께 콘서트에 가고, 혼자 산책을 하고, 일기를 쓰면서 하루하루를 보냈다. 일기를 읽어보면 내가 산책을 하면서 시장의 닭장에 갇힌 닭들을 지켜보았고, 정육점 주인들과 대사관 경호원들에게 뚝뚝 끊어지는 스페인어로 말을 걸었으며, 집에 돌아와서는 밤안개가 가득한 도시의 공원들과 가정집 창문 안으로 보이는, 찻잔 위로 '희끗희끗한 머리'를 숙인 사람들을 묘사하는 글을 썼다는 걸 알 수 있다. 나는 내게는 이국적으로 느껴지는 것들―보도에서 레몬을 팔던 집시 소녀, 햇빛 속에서 반짝이던 배달 마차의 바퀴들, 식당 창문 안에서 염소를 통째로 굽고 있던 가우초*들―에 흥미를 느꼈지만 친구들이 그리웠고, 때로는 혼자서 뭘 해야 할지 모르기도 했다.

그때의 기억은 드물고 조각조각 나뉘어 있기는 해도 생생하게 남았고, 1년 뒤 대학 첫해를 마친 나는 기억나는 대로 그 도시를 배경으로 한 단편소설을 쓰면서 그곳 사람들이 살았을 것 같은 종류의 삶을 상상해 묘사했다.

〈거리〉는 내가 열아홉 살이던 1966년 여름, 컬럼비아대학교 여름학기 소설 워크숍에 내기 위해 쓴 작품이다. 그 시절에는 소설 워크숍이 지금보다 훨씬 드물었고, 그 수업이 내가 신청해본 유일한 수업이었다. 몇 년 뒤 대학 4학년이 되어 문예창작 수업을 하나 듣기는 했지만 말이다. 바너드대학이나 대부분의 다른 대학에는 전공으로 문예창작이 있지도 않았다. 당시에는 '작가가 되고' 싶으면 영문학을 전공하고, 졸업한 뒤에는 출판사에 편집자로 취직하는 것이 가장 합리적인 선택이었다. 혹은 적어도 나의 생각으로는 그것이

---

* 남미의 카우보이.

날것의 재료는 어떻게 이야기가 되는가

작가가 되기 위해 나아가는 과정이었다. 그때 받은 조언이나 지도가 있었는지는 모르지만 지금은 기억나지 않는다.

나는 대학을 졸업하고 몇 년 동안 그것과는 상당히 다른 방향을 따라갔다고 기억한다. 하지만 사실 임시 인력 센터에서 한동안 일한 뒤에 W. W. 노튼 앤드 컴퍼니에 보조 편집자로 취직하기는 했고, 거기서 몇 달 동안 일하며 가능한 한 많은 돈을 모으기도 했다. 그런 다음 나는 프랑스에 가서 지내게 되었고, 출판사에는 다시 취직하지 않았다.

〈거리〉가 얼마나 전통적인 소설이었는지 보여주기 충분한 도입부의 몇 단락을 인용해본다.

오늘 오후에는 거리를 따라 바람이 휘몰아쳤다. 여자들의 뺨은 빨갛게 달아오르고 머리칼은 헝클어졌고, 남자들은 가장자리에 술이 달린 털목도리를 양어깨에 두르고 있었다. 오늘은 일요일이라 과일 파는 노점들은 판자로 막혀 있었고, 가게 정면에는 하나같이 격자문이 내려와 있었다. 오후가 지나 어둑해지자 어스름이 끊기는 곳은 블록마다 몇 군데씩밖에 없었고, 길모퉁이 카페confiteria의 닫힌 유리문 안쪽, 하얗고 차가운 빛 속에서는 찻잔 위로 고개를 숙인 남자들이 옷깃 위로 목도리를 헝클어뜨린 채 두 손으로 손짓을 하거나 찻잔을 감싸 쥐고 있었다. 길거리 여기저기의 상점들 사이

부스에는 쟁반에 담기고 층층이 쌓인 사탕들이 꽃처럼 장식되어 있었다. 그 위로는 국가 발행 복권 티켓을 매단 줄들이 휘장처럼 드리워져 있었다. 가게 주인은 카운터 뒤쪽 스툴에 앉아 접힌 신문을 읽고 있었다. 카페 건너편 길모퉁이에서는 그릴에 구운 비프스테이크를 파는 그릴하우스parrilla 현관 아래쪽으로 네온사인 하나가 빛나고 있었다.

노인은 자갈이 덮인 길을 건너 그릴하우스 앞으로 다가가서 안을 들여다보았다. 식당의 하얀 식탁보들이 희미하게 빛을 냈고, 바 뒤에는 흰색 재킷을 입은 몇 명의 종업원mozo들이 서서 잡담을 하고 있었다. 해가 막 저문 뒤였고, 손님들은 아홉 시나 되어서야 도착하기 시작할 것이었다. 창문을 들여다보던 노인의 두 눈이 짙은 눈썹 밑에서 한순간 번쩍였다. 그는 천천히 두 손을 가져가 옷깃을 세웠다. 창문에서 물러난 그는 숄의 부드러운 끝부분 위로 팔짱을 낀 다음, 잠시 멈췄다가 다시 걸어갔다.

정말 결정하기 어려운 문제로군, 그는 생각하기 시작했다. 그 친구를 집에 들이고 싶지는 않아. 그 친구는 노인처럼 조용히 있지도 않고 엄청나게 먹고 마셔댄단 말이야. 오믈렛 조금하고 채소만으로는 절대 성에 안 찰 거야. 노인은 얼굴을 찡그리고는 다른 것들을 떠올렸다. 저기 길모퉁이에서 차를 마셔야 할까, 아니면 집에 가서 마테maté차를 좀 마시는 게 나을까? 그는 천천히 길을 따라 걸으며 각각의 경험을 주

날것의 재료는 어떻게 이야기가 되는가

의 깊게 상상해보았다. 마테차가 든 은빛 컵을 두 손에 들고 기다란 은빛 거르개로 찻잎들을 휘젓는 일은 그에게 위안이 되어주었다. 누구의 방해도 받지 않고 축축한 자신만의 냄새에 잠겨 익숙한 소음들을 들으며, 문 바깥 복도에서 엘리베이터 문이 내는 땡 소리와 가끔씩 흘러가는 목소리들, 그의 방에 있는 작은 알람시계가 째깍거리는 소리와 다른 방들의 침묵 사이에 조용히 앉아 이런저런 일을 곰곰이 생각하는 일은. 부엌 식탁에 앉아《라 프렌사》를 접어서 앞에 놓고 그 도시에서 리치가 오른 첫 무대에 대한 리뷰를 다시 들여다볼 수도 있었다. 히나스테라*의 협주곡 첫머리를 장식한 뛰어난 카덴차 이야기를 읽으며 바이올린의 그 완벽하던 음조를 기억하는 동안에는 뜨겁고 씁쓸한 음료를 들이키는 게 위로가 되었다. 뒤에 자리잡은 오케스트라가 아무 소리도 내지 않아서인지 리치는 거기 무대 가장자리에 혼자 있는 것처럼 보였다. 노인은 다시 얼굴을 찡그리고 두 손으로 눈가를 문질렀다. 기침을 멈출 수 없었을 때 그는 부끄럽고 창피했다. 모든 시퀀스와 모든 음정을 듣고 싶었는데, 그는 숨을 씨근덕거렸고 캑캑거렸다. 3천 명의 다른 관객들은 조용했다. 난 음악을 망치는 늙은 바보야, 그는 화를 내며 혼잣말을 했다.

---

* 아르헨티나의 작곡가.

내가 영향받은 작가 중 한 명으로 헤밍웨이가 떠올랐던 기억은 없지만, 이제는 비슷한 부분들을 알 것 같다. 단순한 표현, 반복, 구체적인 묘사, 그리고 사물에 외국어로 된 이름이 붙어 있고 스페인어가 사용되는 외국의 장소를 배경으로 설정한 점이 그렇다.

비교를 위해 헤밍웨이의 〈깨끗하고 밝은 곳〉 첫머리를 여기 소개한다. 이 작품은 그렇게나 자주 앤솔로지로 묶이고 어디어디에 선정되는데도 불구하고 하나의 장소와 세 명의 인물에 대해 훌륭하게 이루어진 묘사로서 변함없이 유효하다. 이 단편소설에서 헤밍웨이가 공감하게 그려낸 노인의 초상은 어쩌면 부분적으로는 내 단편소설에 나오는 노인에게까지 영감을 주었는지도 모르겠다. 나와 헤밍웨이의 연관성을 살펴보고 있는 지금 막 떠오른 생각이긴 하지만, 어떤 소재나 배경이 작가 내면의 잠재의식 속에서 예전에 자세히 읽었던 중요한 작품에 대한 기억을 일깨우는 반응을 촉발하는 일이 가능한지 궁금해진다. 다시 말해 부에노스아이레스라는 이국적인 배경, 스페인어, 거리에 있는 어떤 유형의 남자들 모습 같은 것이 한데 작용해 내 뇌 속에서 〈깨끗하고 밝은 곳〉의 다음과 같은 텍스트로 다시 이어지는 시냅스 연결을 촉발했을 수도 있다는 이야기다.

늦은 밤, 카페 손님들은 모두 돌아갔는데 노인 한 사람만 전등 불빛에 나뭇잎이 만들어내는 그림자 아래 앉아 있었다. 낮에는 먼지가 자욱한 거리였지만 밤에는 이슬이 내려 먼지를 가라앉혀 주었고 노인은 밤늦게까지 앉아 있기를 좋아했다. 그는 귀가 들리지 않았고 지금처럼 밤이면 사방이 조용했고 그래서 차이를 느낄 수 있었던 것이다. 카페 안쪽에 있던 종업원 두 명은 노인이 약간 취했다는 걸 알고 있었고, 그가 좋은 손님이기는 해도 너무 취하면 계산을 하지 않고 가버린다는 것도 알고 있었기에 그를 지켜보고 있었다.

물론 차이점도 명백하다. 헤밍웨이의 발췌문에서는 반복─'종업원 두 명은 노인이… 취했다는 걸 알고 있었고… 그가… 너무 취하면… 알고 있었기에'. 또한 이 단락에는 '~했고'가 의도적으로 기이하게 반복되기도 한다.─이 좀 더 의도적으로 사용된다. '…주었고 노인은 밤늦게까지 앉아 있기를 좋아했다. 그는 귀가 들리지 않았고 지금처럼 밤이면 사방이 조용했고 그래서 차이를 느낄 수 있었던 것이다.' 다른 작가였다면 넣었을 콤마를 눈에 띌 정도로 피하기도 했다. 또한 이야기 전체에 걸쳐 외양 묘사를 이루는 특정한 요소들─빛, 그림자, 나뭇잎과 나무, 먼지와 이슬, 조용함─이 집요하게 등장하기도 한다. 반복되는 이미지들과 단순한 문장 구조는 우리에게 깊은 인상을 주는 독특함을 더해준다.

대학을 졸업하고 몇 년 뒤 프랑스에서 살게 된 나는 부에노스아이레스에서의 경험으로부터 영감을 받은 단편소설을 한 편 더 썼다. 우선 우리 부모님이 전대해 살고 계시던 그곳 아파트에 요리사 어머니와 가정부 딸로 구성된 입주 용역팀의 서비스가 포함되어 있다는 것을 설명해야 할 것 같다. 호화로운 대형 아파트에서 전통적으로 그랬듯 그들의 방은 주방 뒤쪽에 있었다. 요리사와 가정부를 포함한 아파트 임대료는 미국보다 훨씬 쌌을 것이다. 우리는—이 말부터 해야겠다— 미국에서 한 번도 그런 방식으로 살아본 적이 없었으니 말이다. 미국에서 처음에 우리 넷은, 그다음에는 셋이 됐는데, 컬럼비아대학교 근처의 다소 비좁지만 충분히 편한 아파트에서 살았다. 식탁 없이 좁고 긴 통로로 된 주방이 있었고, 침대 겸 소파가 있었고, 가정부도 요리사도 테라스도 없는 집이었다.

어머니가 화려한 삶에 말하자면 좀 심취해 있었고, 이 시기에는 가족의 식사 준비를 오랫동안 쉬면서 파티를 여는 일을 의심할 여지 없이 즐거워하기는 했지만, 그런 생활은 알고 보니 어머니가 예상했던 것보다는 다소 과한 것이었다. 학교 선생님이었던 외할머니가 외할아버지와 사별한 뒤 변변치 않은 수입을 절약해가며 이끌어나가던 가정에서 자라난 어머니는 사람들을 부리는 역할에는 결코 맞지 않는 사람이었다.

아르헨티나의 요리사는 덩치가 크고 자신만만한 여자였는데, 우리 어머니와 격렬하게 말싸움하기를 좋아했다. 요리사의 딸인 젊은 가정부는 늘 뚱한 데다 화를 잘 냈다.

우리 어머니는 당혹스럽고 좌절스러웠겠지만, 그 상황은 우리가 보통 생활하던 방식과 너무도 다르다는 바로 그 이유 때문에 내게는 매혹적으로 다가왔다. 모녀는 밤이면 주방 문으로 나가 사라졌다가 아침이면 다시 나타나곤 했다. 나는 그들이 쓰던 방을 한 번도 본 적이 없었다. 두 사람과 같이 사는 조그만 아이도 있었는데, 검은 머리에 눈이 까만 어린 여자아이였다. 이 아이가 누구의 아이인지는 분명치 않았다. 아이는 내 방으로 살그머니 들어와 내가 바이올린 연습하는 걸 지켜보곤 했다. 머리가 다소 둔하고 항상 울분에 차 있던 가정부는 결국에는 아이를 찾으러 방으로 뛰어들어와서는 아이의 작고 여윈 팔을 홱 잡아당겨 끌고 가곤 했다.

몇 년 뒤 나는 〈가정부〉라는 단편소설을 썼다. 소설 속 모녀는 아르헨티나의 두 여자를 모델로 했지만 소설의 배경은 부에노스아이레스의 아파트가 아니라 돌로 지어진 커다란 장원 영주의 저택이었는데, 내가 그동안 아일랜드의 시골에서 봐왔던 저택으로 지하에는 판석이 깔린 널찍한 복도와 하얗게 칠해진 여러 개의 창고가 있었고, 위층에는 외풍

이 들어오고 천장이 높으며 양식을 갖춰 지은 일련의 텅 빈 방들이 있었다. 소설 속 모녀는 마틴 씨라는 독신 남성에게 돌봄을 제공했는데, 가정부는 이 사람을 자신만의 방식으로 사랑하고 있었다. 마틴 씨의 캐릭터는 부에노스아이레스의 아파트를 우리 부모님에게 전대해주었던 영국인 경영자가 모델이 되어 탄생했을 수도 있다. 하지만 그의 행동은 기이할 정도로 말이 없고 우울한 에드거 앨런 포의 주인공을 훨씬 더 닮았다. 내가 포의 작품을 읽으면서 받아들였던 어떤 가르침이 있었다면, 어쩌면 이런 인물을 선택한 일은 또다시 그 가르침으로 연결되는지도 모르겠다.

〈가정부〉의 첫머리를 소개한다.

나는 내가 예쁘지 않다는 걸 안다. 짧게 자른 내 검은 머리는 너무 숱이 적어서 머리통을 거의 가려주지 못한다. 걸을 때는 한쪽 다리를 저는 것처럼 몸이 한쪽으로 처진 채 서둘러 걷는다. 안경을 살 때는 우아해 보인다고 생각했지만—검은색 안경테가 나비 날개처럼 생겼다—이제는 그게 얼마나 어울리지 않는지 알게 됐고, 그럼에도 새 안경을 살 돈이 없어서 그냥 쓰고 다닌다. 내 피부는 두꺼비 뱃가죽 색깔이고 입술은 얇다. 하지만 나는 결코 나보다 나이가 훨씬 많은 우리 어머니만큼 못생기지는 않았다. 어머니의 얼굴은 말린 자두마냥 작고 검고 쭈글쭈글하고, 치아는 입속에서 흔들린다.

나는 어머니와 마주 앉아 저녁을 먹는 일을 거의 참을 수 없을 지경인데, 얼굴 표정을 보면 어머니도 나에 대해 똑같은 걸 느낀다는 걸 알 수 있다.

우리는 오랫동안 지하실에서 함께 살았다. 어머니는 요리사이고 나는 가정부다. 우리는 하인으로서 뛰어나지는 않지만 아무도 우리를 해고하지는 못하는데, 그래도 우리가 대부분의 하인들보다는 낫기 때문이다. 어머니의 꿈은 언젠가 돈을 충분히 모아 나를 떠난 다음 시골에서 사는 것이다. 내 꿈도 거의 비슷한데, 다만 나는 화가 나고 우울할 때면 식탁 맞은편 어머니의 짐승 앞발 같은 두 손을 쳐다보며 어머니가 음식을 먹다 질식해 죽기를 바란다는 점만 다르다. 그렇게 되면 내가 어머니의 벽장에 들어가 어머니의 돈 상자를 부숴 여는 걸 막을 사람은 아무도 없을 것이다…

밤늦게 주방에 혼자 앉아 이런 일들을 상상한 다음 날이면 나는 꼭 몸이 아프다. 그러면 주방에서 해야 할 일들을 놔둔 채로 나를 돌봐주고, 내 입술에 물잔을 가져다 대주고, 파리채로 내 얼굴에 부채질을 해주는 사람은 우리 어머니이고, 나는 어머니가 내 기운 없는 상태를 말없이 고소해하고 있는 게 아니라고 나 자신을 설득하려 애쓴다.

상황이 언제나 이렇지는 않았다. 마틴 씨가 우리 위층에 있는 여러 개의 방에서 지냈을 때 우리는 서로 거의 말을 하지 않았지만 지금보다 행복했다.

그리고 마지막 부분을 인용해본다.

이 집은 그저 임대된 집일 뿐이다. 어머니와 나는 임대료에 포함되어 있다. 사람들은 왔다 가고, 몇 년에 한 번씩 세입자가 새로 온다. 언젠가는 마틴 씨도 떠나리라는 걸 나는 예상했어야 했다.

이 단편소설을 다시 읽어보니 십대 소녀가 어머니에 대해 느끼는 전형적인 양가감정이 드러나 있음을 알 수 있다. 소녀는 어머니를 원망하고 분노로 가득 찬 공상을 하기도 하지만, 그러다 몸이 아프거나 절망에 빠지면 종종 바로 그 어머니에게 도와달라고 의지하는 자신을 깨닫는다.

그로부터 수십 년이 지나 어머니가 돌아가시고 나서, 나는 어머니가 아르헨티나에서 요리사와 가정부로 인해 겪었던 온갖 어려움을 기록해 보관해둔 서류철 하나를 발견했다. 거기 보관된 기록 중에는 어머니가 친구분들에게 보낸 편지들의 사본, 요리사에게 쓴 편지의 초안들도 있었다. 어머니는 맞서야 하는 상대가 요리사든 실은 자신의 십대 딸이든 간에 때로는 직접 이야기를 하는 것보다 자신의 생각을 글로 쓰는 게 더 편하다고 느꼈던 것이다. 어머니가 다음

번에 대결할 때 사용할 스페인어 문장 하나하나를 연습 삼아 적어두고 스페인어를 하는 친구가 거기에 수정을 해준 종이들도 찾아냈다.

이렇게 발견된 재료는 감동적이면서 웃기기도 했다. 내게는 상당히 자주 일어나는 일이었지만, 이 단편소설 또한 파토스와 유머 그리고 언어 자체가 수행하는 역할—이 경우에는 자신의 욕망과 어려움을 스페인어로 표현하려는 우리 어머니의 시도—의 결합에서 영감을 받았다.

수십 년이 지난 지금, 이 재료를 사용하는 나의 접근법은 〈가정부〉를 썼던 때와는 매우 달라졌다. 전에 썼던 단편소설에서는 젊은 작가들에게 주어지는 조언을 얼마간 따랐다. 그 조언이란 친숙한 재료를 이용해 허구의 인물들과 허구의 상황을 만들어내고, 그 인물들과 상황으로부터 줄거리가 자연스레 생겨나게 하라는 것이었다.

하지만 이번에는 지난번처럼 우선 재료를 소화한 다음 전통적인 형태로 짧은 허구의 이야기를 만들어내고 싶지가 않았다. 그보다는 재료를 대체로 온전하게, 조각나 있는 형태로 보존하고 싶었다. 어머니가 벌였던 의지의 싸움이 실제로 드러냈던 특징, 다시 말해 간헐적으로 지속되는 바로 그 특징을 반영하는 형식이 가능할 거라고 생각했다. 나는 아무것도 새로 만들어내지 않았고, 내가 발견한 것을 단순히 정리하고 재배치하기만 했다. '단순히'라지만 물론 정리하는 과정은 오래 걸려서, 선택하고, 순서를 정하고, 잘라내고, 세부를 수정하고, 다시 읽고, 스페인어 가운데 얼마만큼을 번역하지 않고 그냥 둘지 정하고, 대화에서는 서체를 달리 할지 말지 결정하고, 한동안 그대로 두었다가 다시 한 번 재배치하는 작업이 포함되었다.

이 단편소설의 제목은 〈무시무시한 가정부들〉이라고 붙였는데, 그건 우리 어머니 자신이 어느 시점에선가 그 모녀를 불렀던 호칭이었다. 물론 면전에서는 아니었지만 말이다.

이 단편소설은 아주 짧은 글 조각들로 쓰였는데, 가장 긴 조각 중 하나는 다음에 인용하듯 바로 소설 첫머리에 위치한다.

볼리비아에서 온 그 여자들은 대단히 융통성이 없고 고집이 세다.
그들은 할 수 있을 때면 언제든 지시에 따르지 않고 일을 방해한다.

그들은 아파트에 딸려왔다. 아델라의 IQ가 낮아서 저렴한 비용에 데려온 것이다. 아델라는 정신이 산만한 소녀다.

처음에, 나는 그들에게 말했다. 여러분이 여기 계속 계실 수 있어서 무척 기쁘고, 우린 분명 아주 잘 지낼 수 있을 거예요.

우리가 겪고 있는 문제 가운데 하나를 예로 들어보겠다. 방금 일어난 전형적인 사건이다. 실 한 오라기를 잘라야 하는데 15센티미터짜리 가위를 찾을 수가 없었다. 나는 아델라에게 다가가 가위가 안 보인다고 말했다. 아델라는 자기는 가위를 못 봤다고 항변했다. 나는 아델라와 함께 주방으로 가서 루이자에게 실을 좀 잘라주겠냐고 물었다. 루이자는 왜 그냥 이로 물어서 끊지 않냐고 물었다. 나는 이로 물어서 끊으면 바늘에 잘 꿰어지지 않는다고 대답했다. 그러고는 부디 가위를 좀 가져와서 실을 잘라달라고 부탁했다. 루이자는 아델라에게 브로디 부인la Señora Brodie의 가위를 찾으라고 시켰고, 서재로 아델라를 따라간 나는 가위가 어디 보관되어 있는지 알게 되었다. 아델라가 어떤 상자에서 가위를 꺼냈다. 바로 그때 나는 기다란 노끈 한 오라기가 상자에 단정치 못하게 달라붙어 있는 걸 보았고, 아델라에게 가위도 있는데 너덜너덜한 끝부분을 잘라내는 게 어떻겠느냐고 제안했다. 아델라는 그럴 수 없다고 소리를 질렀다. 언젠가 상자를 묶을 때 노끈이 필요할지 모른다면서. 인정한다. 나는 그 순간 웃음을 터뜨렸다. 그런 다음 나는 아델라에게서 가위를 빼앗아 들고 노끈을 손수 잘라버렸다. 아델라가 비명을 질렀다. 아델라 뒤에서 그 애의 어머니가 나타났다. 나는 다시 웃음을 터뜨렸고, 이제 그들은 둘 다 비명을 질러댔다. 그런 다음 그들은 조용해졌다.

나는 그들에게 말해왔다. 부탁이니 저희가 아침을 준비해달라고 말씀드리기 전에는 토스트를 만들지 말아주세요. 저희는 영국인들처럼 아주 바삭바삭하게 구운 토스트는 좋아하지 않아서요.

또 이렇게도 말해왔다. 아침마다 제가 벨을 누르면 저희한테 곧바로 생수를 가져다주세요. 그런 다음에 토스트를 만들어주시고, 신선한 커피하고 우유도 같이 준비해주세요. 저희는 보나피데사의 '프랑하 블랑카'나 '신타 아술' 커피를 선호해요.

아침식사 전에 루이자가 생수를 가져왔을 때 나는 기분 좋게 말을 걸었다. 하지만 내가 토스트에 관해 다시 알려주자 루이자는 갑자기 긴 열변을 토하기 시작했다. 그러니 그녀가 토스트를 식거나 딱딱해지게 둘 거라고 내가 어떻게 생각할 수 있었겠는가? 하지만 토스트는 거의 언제나 식었거나 딱딱해져 있다.

우리는 그들에게 말해왔다. 우유는 항상 카스도르프사에서 나온 '라스 트레스 니냐스'나 '헤르마' 우유로 구입해주셨으면 좋겠어요.

아델라는 소리를 지르지 않고서는 대화를 하지 못한다. 나는 그 애에게 조용조용히 말을 해달라고, 부인이라는 말을 써달라고 부탁해왔지만, 그 애는 절대 그 말에 따르지 않는다. 그들은 주방에서 서로에게 말할 때도 아주 큰 소리로 말한다.

종종 내가 채 세 마디도 하기 전에 아델라는 이렇게 소리 지른다. 네… 네, 네, 네…! 그러고는 방을 나가버린다. 솔직히 말하면 나는 참을 수가 없다.

나는 심지어 아주 오래전에도 이런 작업을 해본 적이 있었다. 발견한 재료를 사용하면서 그것을 거의 온전한 형태로 유지하는 것 말이다. 내 단편소설 〈로이스턴 경의 여행〉과 〈어느 삶에서 발췌한 문장들〉은 두 편 모두 다른 사람들이 쓴 텍스트를 잘라 재배치하면서 원래와는 매우 다른 용도로 사용하는 방식으로 구성되었다. 전자는 로이스턴 경이라는 젊은 실존 인물이 여행 중이던 이국적인 장소들에서 영국의 집으로 보낸 일련의 편지들을 재료로 만들어졌다. 후자는 스즈키 신이치라는 사람이 쓴 자전적인 책으로, '스즈키 메소드'를 통해 악기 연주법을 배우는 아이들의 부모를 위한 필독서였던 책에서 발췌한 문장들로 만들어졌다. 소설적인 요소는 〈로이스턴 경의 여행〉의 경우에는 여러 통의 편지를 쭉 이어지는 하나의 서사로 변형하는 과정에서 도입되었고, 스즈키 신이치의 경우에는 일인칭으로 서술된 직설적인 인생 이야기를 허구의 인물이—허구의 인물인 이유는 이제 스즈키 자신과는 상당히 다른 인물이 되었기 때문이다—들려주는 양식화된 일인칭 서사로 변형하는 과정에서 도입되었다. 형식을 바꾸는 것과 함께 나는 쭉 이어진 하나의 서사를 각각 제목이 붙고 거의 경구에 가까울 만큼 짧은 여러 조각들로 나누는 개입을 했는데, 이런 개입은 이번에는 화자의 성격과 접근하는 태도를 달라지게 만든다.

나는 상당히 최근에도 귀스타브 플로베르의 편지들에 담긴 일화들을—이에 대해서는 나중에 이야기하겠다—가지고 몇 편의 단편소설을 만들어내면서 발견한 재료를 이용하고 정리하고 최소한의 분량만 다시 쓰는 작업을 했다.

사실 위에 언급한 두 편의 단편소설—〈가정부〉와 〈무시무시한 가정부들〉—말고도 요리사와 가정부와 함께 지내던 부에노스아이레스의 상황에서 영감을 받아 상당히 짧게 쓴 세 번째 단편소설이 있다. 서류철 속의 재료를 살펴보던 나는 특정한 재료 한 가지만 가지고도 제목과 몇 줄의 문장만으로 구성된 단편소설 한 편을 따로 만들 수 있겠다는 걸 알게 되었다. 이 소설은 아주 짧기 때문에 그 효과는 논리가 서 있고, 전통적인 단편소설 〈가정부〉와도, 조각조각 나뉘고 끊겨 있으며 길어진 〈무시무시한 가정부들〉과도 매우 다르다.

진공청소기 문제
곧 사제 한 명이 우리 집에 찾아올 것이다. 아니, 두 명일지도 모른다.
그런데 가정부는 복도에, 현관문 바로 앞에 진공청소기를 놓아두었다.
청소기를 치워달라고 내가 두 번이나 부탁했지만 그녀는 치울 생각이 없다.
내가 치우지 않을 것임은 확실하다.
사제 중 한 명은 내가 알기로는 파타고니아의 주임 사제다.

이제 아르헨티나에서의 경험으로부터 오랜 시간이 지난 뒤 또 다른 나라로, 또 다른 배경으로, 또 다른 시간으로 옮겨 가보자. 그 사이의 세월에는 대학 시절뿐 아니라 프랑스와 아일랜드에서 지냈던 길거나 짧은 기간들도 포함되어 있다. 이제 나는 미국에 돌아와 살게 되었고 스물여덟 살이다. 한 달 혹은 두 달쯤 되는 이 특정한 시기에 나는 북부로 올라가 캐나다에 있는 어느 임대한 집에서 지내고 있다. 프랑스, 아일랜드에서와 매우 비슷한 방식으로 하루하루를 보내는데, 책상 앞에 앉아서 번역 작업뿐 아니라 내가 스스로에게 부과한 약간의 과제 또한 하면서 지내고 있다. 그 과제란 보통은 나 자신의 글쓰기지만 캐나다에서는 거기에 드문드문 독일어 공부까지 더해지는데, 이것은 당면한 목적은 없어도 내가 살면서 끊임없이 계속해온 또 한 가지 작업이다. 나는 책상 앞에 앉아 가끔씩 창밖을 내다본다.

  작업을 하거나 하려고 애쓸 때면 언제나 노트를 곁에 두는데, 그 노트는 머릿속에 뜬금없이 떠오르는 생각이나 표현을—나는 그 하나하나를 모두 붙잡으려 애쓴다—저장해두는 곳이 된다. 그 시절, 나는 일종의 불안 때문에 노트에 무언가를 많이 적었다. 설령 한 편의 글로 인해 어려움을 겪고 있더라도—사실 보통은 그랬다—나는 적어도 노트에 무언가를 적어 넣을 수는 있었다. 적어도 노트에 내가 글을 쓰려고 애쓰면서 얼마나 많은 어려움을 겪고 있는지를 기록할 수는 있었다. 혹은 카프카가 자신의 노트 여러 권에 그렇게 했듯 또 다른 단편소설을 위한 아이디어를 기록할 수도 있었다. 나는 그 소설 작업을 영영 이어가지 못할 수도 있었고, 곧바로 계속할 수도, 좀 더 시간이 지나서 계속할 수도 있었다. 노트에는 아이디어의 싹을 심어둘 수도 있었는데, 그 아이디어는 나중에 그게 어디서 온 건지 내가 깨닫지도 못하는 사이에 단편소설로 발전하게 될 수도 있었다.

  여기 그렇게 노트에 기록한 글 혹은 어느 하루의 일기가 있는데, 1975년에 쓴 것이다. 그다음에 소개하는 것은 오랜 시간이 지난 뒤 이 글에서 생겨난 두 편의 단편소설이다. 우선 일기부터 살펴보면, 이 글에는 비교적 특징이 없다. 잠시 여담을 하자면 나는 일기가 잘 쓰였는지 아닌지 무척이나 신경을 썼고, 만약 우연히 다시 읽게 되면 그 일기에 어떤 가치가 있든 언제나 여기저기를 조금씩 수정해서 최대한 괜찮아지게 바꿔놓곤 했지만 말이다. 나는 아직도 이렇게 일기를 고친다.

내가 쓴 비교적 독선적인 내용의 일기는 전체가 단지 두 개의 긴 문장으로만 되어 있다. (신중을 기하기 위해 등장하는 가족의 이름은 바꿨다.)

옆집에 레미콘차가 왔다 갔는데, 그건 샤레이 가족이 지금 있는 와인 저장실에 수천 병의 훌륭한 와인을 보관하는 데 들어가는 화재 보험료가 너무 비싸서 제대로 된 와인 저장실을 새로 짓고 있기 때문이다. 그들에게는 아주 훌륭한 와인과 몇몇 괜찮은 그림들이—리오펠의 작품 다수와 조앤의 작품 한 점이다—있지만, 그 점을 빼면 그들의 옷차림과 가구 취향, 그리고 전반적인 삶의 방식은 따분하고 별로인 데다 완전히 소시민적이다.

이렇게 얼마 안 되는 관찰만으로 할 수 있는 일은 많지 않아 보이지만, 이 일기를 쓰고 나서 몇 년, 아니 몇십 년쯤 지나 다시 읽었을 때 내 머릿속에는 이 일기에 관한 어떤 생각이 떠올랐던 것 같다. 아마도 비판적인 어조에 관한 생각이었을 것이다. 자기가 남을 판단할 수 있는 위치에 있다고 느끼는, 의견이 강한, 별로 새로울 것도 없는 한 젊은이가 여기 이렇게 있었으니 말이다. 그리고 어쩌면 꼬치꼬치 캐는 걸 좋아하는 이웃, 옆집 창문으로 들여다보며 사람들을 관찰하고, 아마도 잠깐 동안 옆집 사람들의 삶을 대리체험까지 하는 이웃에 대한 생각도 떠올랐을지 모른다. 어쩌면 이 젊은이의 집 창문 밖에서 움직임을 만들어낸 상황의 터무니없을 만큼 사치스러운 성격에 대한 생각이었을 수도 있다. 그것이 터무니없는지 그렇지 않은지는 각자의 관점이나 상황에 따라 다르겠지만 말이다. 돈이 별로 없고 경력도 쌓이기 전인 젊은 관찰자의 상황에서 보면 더 나은 와인 저장실을 짓는다는 생각은 터무니없는 것이었다. 하지만 소득도 높고 훌륭한 와인 컬렉션도 가지고 있는 성공한 의사 입장에서 보면 더 나은 와인 저장실을 짓는다는 생각은 완벽하게 말이 되는 것이었다.

여기, 30년쯤 뒤에 그 결과물로 나온 단편소설을 옮겨본다.

비용 절감

이것은 언젠가 당신에게도 생길 수 있는 문제다. 내가 아는 어느 부부의 문제이기도 하다. 남편은 의사고, 아내는 무슨 일을 하는지 잘 모르겠다. 나는 그 부부를 정말로 아주 잘 알지는 못한다. 사실, 이제 나는 그들과 알고 지내는 사이가 아니다. 이 일은 오래전에 있었던 일이다. 옆집에 왔다 갔다 하는 불도저 때문에 신경이 쓰였던 나는 그 집에서 무슨 일이 일어나고 있는지 알아냈다. 그 부부의 문제는 화재보험이 몹시 비싸다는 것이었다. 그들은 보험료를 낮추려는 노력을 하고 싶어 했다. 그건 좋은 생각이었다. 고정 지출이 너무 많거나 필요 이상으로 나가는 걸 원하는 사람은 없으니까. 예를 들어 세금이 아주 많이 붙는 재산을 사고 싶어 하는 사람은 없는데, 세금을 낮추기 위해 할 수 있는 일이 아무것도 없고 어쨌든 그 돈을 내야 할 것이기 때문이다. 나는 그 점을 기억해두려고 애를 쓴다. 설령 당신에게 값비싼 화재보험이 없더라도 이 부부의 문제를 이해할 수는 있을 것이다. 정확히 똑같은 문제는 없더라도, 언젠가는 당신에게도 비슷하게 고정 지출이 너무 높아지는 문제가 생길지도 모르는 일이니 말이다. 그 부부에게는 아주 훌륭한 다수의 와인 컬렉션이 있었기 때문에 보험료가 높았다. 문제는 와인 컬렉션 그 자체보다는 그들이 그것을 보관해두고 있던 장소에 있었다. 사실 그들에게는 아주 훌륭하고 탁월한 와인이 수천 병이나 있었다. 그들은 그것들을 저장실에 보관했는데, 그건 분명 올바른 선택이었다. 그들에게는 정말로 와인 저장실이 있었던 것이다. 하지만 그 와인 저장실이 썩 훌륭하지 않았거나 크기가 충분하지 않았다는 게 문제였다. 나는 그들의 저장실을 본 적은 없지만 전에 다른 곳에서 아주 작은 와인 저장실을 본 적이 있다. 그 저장실은 벽장 정도 되는 크기였지만 나는 그 정도로도 깊은 인상을 받았다. 그래도 전에 한 번 그 부부의 와인을 조금 맛본 적이 있기는 했다. 사실 나는 한 병에 500달러짜리 와인과 100달러짜리 와인, 아니 심지어 30달러짜리 와인의 차이도 잘 알지 못하지만 말이다. 그 저녁 식사 자리에서 그들은 심지어 500달러보다 값이 더 나가는 와인을 대접하고 있었는지도 모른다. 특별히 나에게는 아니었지만 다른 몇몇 손님들에게는 그랬을 수도 있다. 나는 아주 값비싼 와인들이 나를 포함한 사람들 대부분에게는 정말로 아무 의미가 없다고 확신한다. 당시 나는 상당히 젊었지만, 심지어 지금 내가 아주 값비싼 와인을 마신다 해도 그것은 내게 아마 아무런 의미가 없을 것이다. 그 부부는 와인 저장실을 넓히고 또 다른 몇 가지 구체적인 방법으로 그곳을 개조하면 보험료가 적게 들 거라는 사실을 알게 되었다. 그들은 이렇게 개조하려면 처음에는 돈이 좀 들겠지만 이것은 좋은 생각이라고 여겼다. 그때 내가 살고 있던, 마찬가지로 그 부부의 친구였던 한 친구에게서 임대한 집의 창문 밖으로 보이던 불도저와 다른 기계들과 노동자들에게는 수천 달러씩 돈이 들어가고 있었겠지만, 그 부부는 분명 보험료를 절약함으로써 몇 년 내에, 아니 심지어 1년도 되기 전에 그 일에 쓴 돈만큼을 다시 벌었을 것이다. 그러니 이것은 그들의 입장에서는 신중한 행동이었음을 알 수 있다. 꼭 와인 저장실이 아니고 다른 무언가에 관련해서라도 누구든 취할 수 있는 행동이었다. 중요한 건 무언가를 고쳐서 결국 돈이 절약된다면 그것은 좋은 아이디어라는 것이다. 이 일은 이제 오래전에 지나간 일이 되었다. 그 부부는 자기들이 일으킨 변화로 몇 년에 걸쳐 전부 합치면 상당히 많은 돈을 절약했을 것이다. 너무 오랜 세월이 흘러서 지금쯤은 아마 그 집을 팔았겠지만 말이다. 아마 개조한 와인 저장실 덕분에 집값이 올라가서 훨씬 더 많은 이익이 났을 것이다. 내가 살던 집 창문 밖으로 그 불도저를 지켜보았을 때, 나는 그냥 젊은 게 아니라 아주 젊은 나이였다. 소음은 그렇게 많이 신경 쓰이지는 않았는데, 작업을 하려고 애를 쓸 때면 그것 말고도 신경 쓰이는 일이 너무도 많았기 때문이다. 사실 나는 그 불도저를 보게 되어 은근히 반가웠는지도 모른다. 나는 그 부부의 와인에, 거기에 더해 그들이 소장한 훌륭한 그림들에 깊은 인상을 받았다. 그들은 친절하고 다정한 사람들이었지만, 그들의 옷차림이나 가구는 썩 내 취향은 아니었다. 나는 창문 밖을 내다보고 그들을 떠올리며 많은 시간을 보냈다. 그런 행동에 어떤 가치가 있었는지는 모르겠다. 아마도 그냥 시간낭비였을 것이다. 이제 나는 그때보다 한참 나이를 먹었다. 하지만 아직도 그들이 떠오른다. 나는 다른 것들은 아주 많이 잊었지만 그 부부와 그들의 화재보험은 잊지 않았다. 아마 그들에게서 무언가를 배울 수 있다고 생각했던 모양이다.

이 단편소설은 전체가 하나의 긴 단락으로 되어 있다. 하나의 단락, 특히 긴 단락으로 글을 쓰는 것과 짧더라도 두 개 혹은 세 개의 단락을 나열하는 것은 효과에 있어 차이가 크다. 단락이 세 개인 경우 첫 번째 단락은 도입부가 되고, 첫 번째 단락이 끝나는 곳은 우리가 이야기 속으로 약간 자리를 잡았으며 이제 더 나아가고 있다는 걸 암시한다. 두 번째 단락이 끝난 뒤에 우리는 또 한 번 숨을 고르고, 세 번째 단락으로 들어간 다음, 결론을 향해 나아가면서 서서히 멈춘다. 단락을 여러 개 나열하면 화자가 어느 정도 정돈된 사고를 하는 사람, 통제력이 있는 사람이라고 암시할 수도 있다. 반대로, 하나의 단락을 끊지 않고 계속 이어가면 심정적으로는 더 열렬하지만 정돈은 덜 돼 있는 상태를 암시할 수 있어서, 화자가 이 넋두리 혹은 설교조의 잔소리를 거의 부지불식간에 시작했고, 자신이 그것을 늘어놓고 있다는 것조차 잘 모른다는 착각을 만들어낼 수 있다. 그리고 화자는 스스로 알아차리기도 전에 말을 끝낸다. 갑자기 뚝 멈추고는 기운이 빠져버리는 것이다. 하나의 단락으로 된 글은 좀 더 친밀한 느낌을 줄 수 있다.

날것의 재료는 어떻게 이야기가 되는가

이 단편소설의 화자에 대해 말하자면, 나는 이 여성이 좀 딱하다고 생각한다. 이 여성은 그렇게 머리가 좋지 않거나 정신이 좀 산만하거나, 그도 아니면 그저 체계적이지 못한 데다 생산성이 낮은 사람이다. 대체로 자신을 그리 높이 평가하지는 않지만, 그런 자신도 발언과 조언은 할 수 있다고 생각하는 사람이다. 또한 대부분의 시간을 빈둥거리며 보내고, 여러 가지 일들을 하는 것에 대해 곰곰이 생각은 하지만 실제로 그 일들을 하지는 않고, 아이디어는 있지만 그것을 실행에 옮기지는 않는 사람이기도 하다. 이 여성의 목소리로 이야기를 시작하자마자 내게는 그 인물이 매우 분명하게 다가온다. 이 여성은 아마 당시의 젊은 나를 과장하거나 비틀어놓은 모습일 것이다. 지금의 내게는 그때의 나보다는 나이가 많은, 사십대쯤은 되는 인물로 느껴지지만 말이다.

나는 '실험적'이라는 꼬리표가 붙는 일에는 대체로 거부감이 있는데, 이 말은 사람들이 때때로 기존과는 다른 형식의 소설이나 시라면 어디에든, 혹은 기이하거나 이상해 보여서 자신들을 혼란스럽게 만드는 어떤 형식에든 반사적으로 가져다 붙이는 말이다. 내게 '실험적'이라는 말은 작가가 어떤 글쓰기 전략을 미리 세워두고 그것이 효과가 있는지 시험해보려고 계획해두었다는 것, 그 결과물은 무언가를 증명해줄 수도 증명해주지 않을 수도 있고, 성공적일 수도 그렇지 않을 수도 있다는 것을 의미한다. 내게 그것은 미리 계획한 것, 의도적인 것, 개념적인 것인 동시에 다소 시험 삼아 해보는 것이기도 한 것처럼 느껴진다. 나는 대체로 한 편의 글을 그다지 계획 없이, 내가 무엇을 하는지 정확히 알지 못하는 상태로 쓰기 시작하는 쪽을 선호하므로, 내가 쓰게 될 단편소설들이 어떤 식으로든 실험적이라고 생각하지는 않는다.

하지만 예외도 있다. 다음에 소개하는 두 번째 단편소설은 앞서 언급한 짧은 일기글에서 탄생한 것인데, 정확히 실험적인 소설이라고 부를 만하다. 나는 내가 한정된 양의 재료를 사용해 똑같은 짧은 이야기를 앞뒤 양방향으로 할 수 있는지 알고 싶었다. 이 소설의 앞쪽 절반은 원래의 일기글에 상당히 가깝게 남아 있는 반면, 뒤쪽 절반은 똑같은 이야기를 하기 위해 내용을 정반대 순서로 제시한다.

뒤집을 수 있는 이야기

필요한 지출

옆집에 레미콘차가 왔다 갔다. 샤레이 부부가 와인 저장실을 개조하는 중이다. 그들에게는 아주 훌륭한 와인이 수천 병 있다. 이런 이유로 그들의 화재보험료는 매우 비싸다. 하지만 그들이 저장실을 개조하면 화재보험에는 돈이 덜 들 것이다. 그들에게는 아주 훌륭한 와인과 몇몇 괜찮은 그림들이 있지만, 그들의 옷차림과 가구 취향은 완전히 중하위 계층의 그것에 가깝다.

지출의 필요성

샤레이 부부의 옷차림과 가구 취향은 따분하고 완전히 중하위 계층의 그것에 가깝다. 하지만 그들에게 몇몇 괜찮은 그림들이 있기는 한데, 대부분 동시대의 캐나다와 미국 화가들의 작품이다. 그들에게는 훌륭한 와인도 좀 있다. 사실 그들은 아주 훌륭한 와인을 수천 병이나 소유하고 있다. 이것 때문에 그들의 화재보험료는 매우 비싸다. 하지만 그들이 와인 저장실을 넓히고 다른 방법으로 개조하면 화재보험에는 돈이 덜 들 것이다. 레미콘차가 막 옆집에, 그들의 집에 왔다 갔다.

짧은 조각들로 나뉜 〈무시무시한 가정부들〉의 형식을 논하는 동안 내가 작가 생활 초기에 읽었던, 짧은 글 여러 조각이 모여 쓰인 책들이 떠올랐다. 카프카의 《일기》는 이미 언급한 바 있다. 물론 카프카는 일기를 처음부터 공식적인 작품이라고 여기고 쓰지는 않았지만, 하루하루의 일기를 공들여 썼고 그 일기들은 한데 모여 그 형식을 만들어냈다. 그리고 일단 그런 형식으로 존재하게 되고 출판되자, 그 일기들은 다음 여러 세대의 작가들에게 그런 형식의 본보기로서 영향력을 발휘했다.

두 권으로 된 《일기》는 14년 분량의 세월만을 다루지만 내가 가지고 있는 판본으로는 660페이지가 넘는데, 상당히 많은 소재가 들어 있고 깊이 파고들어 조사하기에도 대단히 매력적이다. 이 책을 아무 데나 펼치자 두 페이지에 걸쳐 세 가지 유형의 일기가 나온다. 첫 번째 유형은 사실을 담은 축약된 기록인데, 이 경우에는 시사 문제와 카프카 자신이 한 활동이 기이한 방식으로 병기되어 있다. (이 특정한 몇 페이지는 1914년, 제1차 세계대전이 일어난 해에 쓰였다.)

8월 2일. 독일이 러시아에 전쟁을 선포했다.—오후에는 수영.

다음과 같은 또 다른 유형의 일기는 충동적으로 시작했다가 꼭 그렇게 갑작스레 그만둔 단편소설처럼 보이기도 한다.

7월 30일. 다른 사람들의 상점에서 일하는 데 진력이 나서 나만의 작은 문구점을 열었던 적이 있다. 자금은 한정되어 있고 거의 모든 것에 대해 현금을 지불해야 했으므로—

그리고 다음과 같은 또 다른 유형의 일기는 단편소설의

좀 더 다듬어진 도입부인 것 같기도 한데, 다음과 같은 여러 면에서 철저하게 카프카적인 특징을 보여준다. 주제의 선택, 확신 어린 말투, 신랄함, 반복의 사용, 아름답게 균형 잡힌 구조, 부정적인 태도, 역설적인 마무리 그리고 유머.

[7월 30일.] 프로그레스 보험회사의 임원은 언제나 자기 직원들을 몹시 불만스러워 하고 있었다. 이제 어떤 임원이든 자신의 직원들을 불만스러워 하는데, 직원들과 임원들 사이의 간극은 너무 거대해서 임원 쪽에서는 단지 명령만 내리고 직원들 쪽에서는 단지 복종만 하는 방식으로는 메워질 수 없다. 오직 서로에 대한 증오만이 그 간극을 메우고 사업 전체를 완벽해지게 해줄 수 있다.

이십대 때 나는 카프카의 일기들을 자세히 읽곤 했다. 그 일기들은 몇 가지 이유에서 내게 중요했다. 그 일기들은 많은 훌륭한 글을 담고 있었고, 또한 완성된 글들의 뒤편에서 진행되는 일들—다듬어지지 않은 시도들, 좀 더 다듬어진 시도들, 신중한 고려, 집요한 태도—을 들여다보는 통찰을 제공해주었다. 그리고 그 일기들은 카프카의 머릿속—그가 상상해낸 허구와 좀 더 일상적으로 몰두하던 매일의 일들의 결합—으로 통하는 창을 열어주기도 했다. 그리고 어쩌면 그렇게 짧고 미완인 일기들이 다듬어진 작품보다는 좀 더 다가가기 쉬웠다는 이유도 있을지 모른다.

 카프카의 일기들이 쌓여서 늘어나기는 했지만 원래부터 하나의 작품으로 구상된 것은 아니었다면, 블레즈 파스칼이 《팡세》에서 그랬듯 어떤 다른 작가들은 처음부터 그런 형식을 의도했다. 카탈루냐 작가인 조셉 플라Josep Pla의 경우가 또 하나의 흥미로운 사례다. 그는 스물한 살이었던 1918년 3월에 시작해 1919년 11월까지 비교적 짧은 기간에 걸쳐 전통적인 형식의 일기를 썼다. 그런 다음 그 뒤로 40년 넘게 여러 다른 글쓰기를 하는 와중에 원래 써둔 그 일기들로 돌아와 그것들에 문장을 덧붙였다. 결국 책으로 출판된 그 일기는 내가 가진 판본으로는 638페이지에 달한다. 그 책에는 원래 일기에 들어 있던 분리된 느낌과 갑작스러운 주제 전환이라는 특성이 어느 정도 유지되어 있지만 일화, 논평, 역사, 도덕적 성찰 등의 내용을 담고 길게 이어지는 단락들도 넉넉히 포함되어 있다. 그의 다른 작품 가운데 어느 평론가에게 "조각 글로 만들어진 자서전"이라는 평을 듣기도 했던 《회색 노트》는 아마도 그의 대표작이 되었다고 해야 할 것이다.

 한 젊은 작가가 낱장을 뺐다 끼웠다 할 수 있는 자신의 노트에 쓴 글들에 기반해 출간한 또 다른 책이 있다. 그 책은 미국 작가 케네스 갠지미Kenneth Gangemi의 작품으로, 나는 책이 처음 출간되었을 때 읽었다. 1979년 출간된 《푸에블라에서 본 화산들》은 갠지미가 오토바이를 타고 멕시코를 여행한 기록이다. 갠지미도 플라와 마찬가지로 책을 만들어낼 재료를 찾기 위해 자신의 노트를 다시 펼쳤지만, 이 책은 알파벳 순서대로 나열된 항목들로 구성되어 있다. Acapulco(아카풀코), Aesthete(탐미주의자), 'Aguas, Alarma!'('누수가 발생했습니다, 주의하세요!'), Amecameca(아메카메카 마을), Americans Part I(미국인 1부), American Part II(미국인 2부), Anti-Americanism(반미주의), Azotea(식당 아소테아), Bach(바흐), Back in the USA(미국에서는), Bakery(빵집), Barber(이발사), Beggars(거지들), Bicycle(자전거)… 이런 식이다. 한 권의 책을 구성하는 데 이렇게 매력적이고 자극이 되는 방식이 있다니! 갠지미는 직설적이고 자기주장을 굽히지 않으며, 명료하고 생생하고 유용한 정보를 주는 글을 쓴다.

'실험적'이라는 단어의 엄밀한 의미에 실제로 진정으로 들어맞는 글을 떠올릴 때면, 나는 인공적으로 부여한 제약 안에서의 글쓰기가 떠오른다. 어째선지 제일 먼저 떠오르는 건 알파벳 항목이라는 제약인데, 케네스 갠지미의 책도 거기 포함될 수 있을 것이다. 그 책의 제약은 매우 느슨해서 각 부분의 길이가 얼마나 되든 상관없고, 각각의 알파벳 항목 아래 들어가는 글의 수에도 제한이 없지만 말이다.

알파벳 항목을 제약으로 사용하는 또 한 권의 책으로 월터 애비시Walter Abish의 《알파벳으로 읽는 아프리카》가 있는데, 이 책의 제한은 훨씬 더 엄격하다. 책의 1장에서는 오직 글자 a로 시작하는 단어들만 사용할 수 있고, 2장에서는 b로 시작하는 단어들이 추가되고, 3장에서는 c로 시작하는 단어들이 추가되는 식이다. 이 책의 앞부분 절반의 마지막 장인 26장에서 애비시는 알파벳의 어떤 글자로 시작하는 단어든 사용할 수 있게 된다. 뒷부분 절반에서 그는 그 과정을 뒤집어, 마지막 장에서 a로 시작하는 단어들만 사용되도록 거꾸로 작업해나간다.

그리고 나와 같은 세대의 뉴욕 시인 데이비드 리먼David Lehman이 쓴 알파벳 시도 있는데, 그는 종종 제약을 두고 작업을 한다. 예를 들어 그의 책 《매일의 거울》은 날마다 한 편씩 시를 쓰겠다는 그 자신의 도전의 결과물인데, 이는 우리 중 누가 시도해도 좋은 결실을 맺을 수 있는 도전이다.

리먼이 안나 카레니나라는 인물에 대해 쓴 알파벳 시 〈안나 K〉는 2005년 출간된 그의 책 《여자가 남자를 사랑할 때》에 실려 있는데, 두 부분으로 나뉘어 있고, 두 부분 모두 알파벳 순서라는 제약하에서 각각의 단어가 알파벳 순서에 따라 각각의 글자로 시작되게 쓰였다. 그가 스스로 부여한 또 하나의 제약은 한 행에 오직 두 단어만 사용해야 한다는 것이었다.

날것의 재료는 어떻게 이야기가 되는가

1.

안나는Anna 믿었다believed.

불가능했다Couldn't 미루는 건delay.

매주Every 금요일이면Friday

커져 간grew 대담한heroic

부정행위infidelity 단지just

아는 거라곤knowing 사랑이love

아마도might 절대never

다른 방식으로는otherwise 주지 않을present

여왕처럼queenly 눈부시게 빛나는resplendent

만족감satisfaction 그걸 가두고trapped

속박하는 건under 브론스키의Vronsky's

사나운wild X등급짜리x-rated

젊은young 혈기zap.

2.

두려웠다Afraid. 배신당했다Betrayed.

불가능하다Can't 이혼은divorce.

시기심은Envy 따라간다follows

우울한grim 여주인공을heroine,

잉크로 더럽히듯inks 판단하고judgment,

죽여버린다kills 욕망을lust.
자비는Mercy 어디에도 없다nowhere.
호화로운Opulent 분홍빛pink
정수는quintessence 내뿜는다radiates
자살suicide 여행을trip-
독특한unique 휴가를vacation-
최악의worst 크리스마스Xmas,
과거는yesterday's 아무것도 아니다zero.

    그리고 글자 e를 사용하지 않고 쓰인 조르주 페렉의 장편소설 《소멸》이 있다. 마찬가지로 글자 e를 사용하지 않은 재치 있는 영어판 번역은 스코틀랜드 소설가인 길버트 어데어가 맡았고, '빈 공간A Void'이라는 제목으로 출간되었다.
    어데어는 페렉이 프랑스어로 된 유명한 시들을 글자 e 없이 패러디한 것에 맞추기 위해 영어로 된 잘 알려진 시들을 e가 없는 형태로 바꿔 영어판에 수록했는데, 다음에 소개하는 에드거 앨런 포의 〈까마귀〉도 그중 한 편이다. (이 시에 나오는 '기호'는 글자 e를 가리킨다.)*

    "예언자여," 내가 말했다. "혐오스러운 존재여—새의 옷을

---

* 여기 실린 한국어 번역에서는 모음 'ㅔ'를 사용하지 않고 번역했다.

입고 잔뜩 화가 난 예언자여!
모든 인간이 겪는 연옥 고통을 달래주는 주님의 빛나는 왕국으로,
슬퍼 쓰러진 이 영혼을 향해 알려주시오, 머나먼 내일이 오면
그 기호를 찾을 거라고—오 너무도 오랫동안 분리돼 있던 그 고리를—
분리된 그 고리로부터 사라진, 그림 문자로 된 그 기호를."
    그 검은 새가 말했다. "다시는 안 그러리라."…

그리고 나의 검은 새여, 여전히 떠나지 않고, 여전히 앉아 있구나, 여전히 앉아 있구나
저 창백한 흉상 위—내 비통한 영지 곳곳을 여전히 돌아다니며.
하지만 새는 응시를 멈추지 못하지, 정말로 놀랍기 때문이야
내가 교묘한 단어 바꾸기로 여전히 운이 맞도록 유지할 수 있음이—
기호는 잃었어도 여전히 운이 맞도록 유지할 수 있음이—
    비록 나는 이걸 다시는 시도하지 않을 거지만!

 하지만 자기 이름에도 e가 네 개나 들어 있는 페렉이 쓴 장편소설의 경우 e를 의도적으로 삭제한 것은, 아마도 개념

적으로 웃긴 행동이 아니라 감정적 근원과 감정적 효과가 있는 행동이었을 것이다. '부재'는 페렉의 삶에서 커다란 역할을 했는데, 그가 여섯 살 때 끌려간 어머니는 아마도 아우슈비츠에서 사망했을 가능성이 높으며, 아버지는 프랑스인들을 위해 싸우다 이미 사망한 뒤였다. 페렉의 소설에서 글자 e가 조용히 사라진 것은 제2차 세계대전 중 유대인들의 경험을 상징하는 것일지도 모른다는 이야기가 있다. (페렉은 또한 홀로코스트와 강제수용소에서의 삶을 자신의 반半자전적인 장편소설 《W 또는 유년의 기억》(1975)에 담았는데, 이 소설은 가상의 전체주의 정권하에서의 섬 생활 묘사와 그 자신의 유년의 기억, 혹은 그가 자신의 유년이었으면 했던 가상의 기억이라는 두 줄기의 서사를 한데 엮어 놓고 있다.)

알파벳 항목이라는 실험적인 제약에 대한 이야기는 이쯤 해두고, 이제 발견한 글을 재료로 사용하는 일에 관한 이야기로 되돌아오자. 그러기 위해 나는 귀스타브 플로베르의 편지들과 그것들이 내가 쓴 일련의 이야기에 어떻게 영감을 불어넣었는지에 대해 조금 이야기하는 것으로 마무리를 지을까 한다.

《마담 보바리》 번역 초고 작업을 하고 있던 어느 시점에, 나는 플로베르가 장편소설을 쓰는 동안에 썼던 편지들을 읽기로 마음먹었다. 후대 사람들에게는 다행스럽게도, 플로베르에게는 그 기간에 한동안 방대한 양의 편지를 주고받았고, 다른 무엇보다 장편소설 《마담 보바리》의 진행 상황에 대해 자세히 설명을 늘어놓았던 연인이 있었다. 그의 연인이자 시인이었던 루이즈 콜레는 플로베르가 살던 지역에 살지 않았으므로 그들은 계속 편지로 연락해야 했다. 콜레의 집은 파리에 있었던 반면, 플로베르는 루앙 외곽에 있는 어느 마을에서 어머니와 어린 조카와 같이 살았다. 가끔씩 플로베르와 콜레는 중간쯤 되는 지점인 망트에서 만나 며칠 동안 호텔에서 함께 지내곤 했다. 그런 다음 그들은 서로 반대 방향으로 향하는 기차를 타고 각자의 집으로 돌아가곤 했다. 후대 사람들에게, 특히 플로베르 연구자들에게는 불운하게도 플로베르가 장편소설을 3분의 2 정도 끝냈을 때쯤 그들은 사이가 틀어져 헤어졌다. 하지만 아직 루이즈 콜레에게 편지를 쓰고 있었을 때, 그는 자신이 어떤 장면들을 작업하고 있는지, 그리고 작품을 쓰면서 어려운 점과 잘된 점이 무엇인지 자세히 설명했다. (또한 그가 그 기간 동안 페이지를 아끼지 않고 상당한 노력을 들여 콜레의 시를 감탄하는 태도로 사려 깊게 비평하고 수정할 부분들을 제안했다는 사실도 덧붙여야 할 것이다.)

나는 몇 가지 이유에서 플로베르의 편지들에 의지했다. 그저 그를 좀 더 잘 알기 위해, 그가 그 작품과 자신의 인물들에 대해 어떻게 느끼고 생각했는지 알고 싶어서, 장편소설 집필 과정에서의 통찰을 찾기 위해, 그리고 그가 퇴고 없이 좀 더 자연스럽게 글을 쓸 때는 문체가 어떠했고 그것은 더 다듬어진 문체와는 어떻게 달랐는지 관찰하기 위해서였다.

편지의 내용 중에는 내게 흥미롭지 않은 것도 있었지만—플로베르는 대부분 내가 모르는 사람들이 나오는 문학적 정치에 관해 자주 썼다—그는 《마담 보바리》에 대해 상당한 분량의 글을 썼고, 그 과정에서 자신의 인물들에 대한 공감을 드러냈다. 예를 들면 그는 남을 음해하는 약제사 오메에 대해서도 마지못해 어느 정도의 애정은 보였고, 엠마 보바리가 비소에 중독돼 죽는 장면을 쓰면서는 그 자신의 몸이 얼마나 아팠는지 설명하기도 했다.

편지들을 따라 읽는 동안 나는 가끔씩 그가 콜레에게 들려주는 짧은 이야기와 마주치곤 했는데, 그에게 그 전날이나 최근에 일어난 어떤 일에 관한 이야기였다. 나는 이 짧은 이야기들이 좋았고, 얼마 뒤에는 그 이야기들을 편지에서 발췌해 조금 손보면 독립된 각각의 이야기가 될 수 있겠다는 생각이 떠올랐다. 편지 속에 있으니 그 이야기들은 약간 길을 잃었거나 낭비되고 있는 것처럼 보였다. 나는 우선 누가 봐도 가장 완결감 있는 이야기들을 발췌했고, 좀 지나서는 완결감이 조금 덜한 이야기들을 다시 살펴보며 그것들로 무엇을 할 수 있을지 생각해보았다. 나는 플로베르의 원본을 최대한 많이 보존하고 싶었다. 그래서 허구의 어떤 것도 덧붙이지 않았다. 가끔씩 재료를 잘라내거나 접속사를 집어넣거나 두 문장을 한 문장으로 만들거나 그 반대로 하기는 했다. 어떤 경우에는 따로따로 쓰인 두 개의 설명을 하나로 합쳤다. 또 어떤 경우에는 플로베르가 언급한 한 남자에 대해 조금 검색을 해서 이야기의 빈틈을 메우고 약간의 색채를 가미했다. 플로베르는 종종 자신의 일화를 감탄으로 끝내곤 했다. 나는 그 감탄들을 그대로 두었다. 한번은 그런 감탄이 수수께끼 같게도 "오, 셰익스피어!"였다. 그가 무슨 뜻으로 한 말인지는 알 수 없었지만 나는 그 말을 그대로 두었다.

내가 초기에 쓴 그런 이야기들 가운데 한 편인 〈요리사의 가르침〉이 있다.

오늘 나는 중대한 가르침 한 가지를 얻었는데, 그 가르침을 내게 준 사람은 우리 집 요리사였다. 요리사는 스물다섯 살의 여성으로 프랑스인이다. 그녀에게 질문을 던진 나는 루이 필리프가 더 이상 프랑스 국왕이 아니며 프랑스는 이제 공화국이 되었다는 사실을 그녀가 알지 못한다는 사실을 발견했다. 아무리 그래도 루이 필리프는 왕좌를 떠난 지 5년이나 됐는데. 요리사는 자신은 그냥 그가 더 이상 왕이 아니라는 사실에 조금도 관심이 없다고 했다. 그게 그녀가 한 말이었다. 그리고 나는 나 자신을 지적인 남자라고 여기는 것이다! 하지만 요리사에 비하면 나는 얼간이나 다름없다. (96단어)

플로베르가 루이즈 콜레에게 보낸 1853년 4월 30일 자 편지에 나오는 원래의 단락은 다음과 같다.

오늘 내 요리사에게서 중대한 가르침 한 가지를 얻었어요. 이 여성은 스물다섯 살이고 프랑스인인데, 루이 필리프가 더 이상 프랑스 국왕이 아니고, 공화국이 생겨났고, 기타 등등을 알지 못했어요. 그 여자는 그 모든 것에 관심이 없어요.(그 여자가 한 말이에요.) 그리고 나는 나 자신을 지적인 남자라고 여기는 거예요! 하지만 난 단지 그 여자보다 세 배쯤 얼간이 같은 사람에 지나지 않아요. 우리도 그 여자 같아야 하는데. (69단어)

최근에 두 편의 글을 비교할 때까지 나는 내가 내용이나 아이디어의 전개 순서를 사실상 크게 바꾸지 않으면서 작은 수정을 얼마나 많이 했는지 잊고 있었다. 나는 이야기 끝부분에서 플로베르가 했던 감탄—"그리고 나는 나 자신을 지적인 남자라고 여기는 거예요!"—을 바꾸지 않았다. "5년"이라는 말을 집어넣을 수 있도록 한 가지 사실—루이 필리프가 왕좌를 떠난 날짜―을 검색해보기는 했다. 이 편지가 쓰인 시기가 공화국이 들어선 지 몇 달쯤 된 상황이었는지, 아니면 5년쯤 된 상황이었는지에 따라 플로베르가 한 감탄의 결은 달라진다. 그리고 이 점은 플로베르와 루이즈 콜레는 알았지만 내 버전의 이야기를 읽는 사람은 알려주지 않으면 알지 못할 사실이다. 또한 나는 이야기를 플로베르의 좀 더 부드러운 표현인 "우리도 그 여자 같아야 하는데"로, 혹은 좀 더 문자 그대로 "우리가 되어야 하는 모습은 그 여자 같은 모습인데"로 끝내는 대신 "얼간이나 다름없다"라는 말로―강렬한 결말이다―끝맺고 있다.

얼마 전 어느 대학을 방문했을 때, 한 프랑스인 교수가 이 이야기의 두 가지 버전 모두를 살펴보더니 내가 플로베르의 "기타 등등"이라는 말을 그대로 두었어야 했던 것 같다고 말했다. 그 단어는 플로베르가 이제 공화국이 된 프랑스에 대한 논평에 포함시켰을 모든 생각을 압축해 보여준다는 것이었다. 나는 그 교수가 하는 이야기를 알아들었고, 거기에 공감했으며, 또 우리가 상당히 휑뎅그렁한 강당에 서서 그렇게 작은 단어 하나에 시간과 주의를 기울이고 있다는 사실이 마음에 들기도 했다.

내가 그 뒤에 플로베르의 편지에서 발췌한 또 한 편의 이야기 〈빨래하는 여자들〉을 여기 옮겨본다.

어제 나는 내가 11년 전에 그리운 올롭스키와 함께 방문한 적이 있는, 여기서 두 시간 거리에 있는 어느 마을을 다시 찾아갔다.

집들이나 절벽, 배들은 조금도 변한 게 없었다. 빨래를 하는 골짜기에는 옛날과 똑같은 수의 여자들이 똑같은 자세로 무릎을 꿇고 앉아 더러운 리넨 천을 똑같이 푸른 물속에서 두드려 빨고 있었다.

지난번에 왔을 때처럼 비가 조금 내리고 있었다.

어떤 순간들에는 마치 우주가 움직이기를 멈추고 모든 것이 돌로 변해버린 것처럼, 오직 우리만 여전히 살아 있는 것처럼 느껴진다.

자연은 얼마나 오만한가!

나는 이 경우에는 원본에 거의 수정을 하지 않았다. 하지만 한 가지 수정한 사항이 있다면 플로베르가 하나로 길게 이어 썼던 단락을 여러 개의 짧은 단락으로 분리한 것이었다. 가끔씩 나는 그저 문장 사이에 휴지가 있어서 이야기가 좀 더 천천히 읽히도록, 그리고 각각의 문장이 울리면서 그 문장만의 효과를 내도록 그렇게 한다.

그럼 이 글은 플로베르의 편지를 곧바로 번역한 것과 어떻게 다를까? 음, 이 글은 온전한 한 통의 편지가 아니라 편

날것의 재료는 어떻게 이야기가 되는가

지의 한 부분이고, 편지가 아니라 한 편의 이야기처럼 느껴진다. 편지에서 발췌된 이야기는 다소간 변형되고 다시 쓰여 있다. 나는 이 이야기가 전적으로 나만의 것이라고는 절대 주장하지 않을 것이다. 이것은 '플로베르 원작의 이야기'로, 다시 말하자면 플로베르의 인생사에 속하는 재료들을 가지고 그의 머릿속에서 먼저 만들어진 이야기다.

전에는 미처 생각해보지 못했는데, 어쩌면 내가 쓴 플로베르 원작의 이야기들—이제 그런 이야기는 모두 열세 편이 되었고 거기 더해 약간 화풀이 같은 한 편의 글도 있다—은 찰스와 메리 램이 1807년에 쓴 《셰익스피어 이야기》와 약간 비슷할지도 모르겠다. 《셰익스피어 이야기》는 족히 100년 넘게 권위 있는 추천 도서 목록에 있었고, 지금도 고전으로 여겨진다. 그 책에서 오빠와 여동생인 찰스와 메리 램 콤비는 셰익스피어의 희곡 모두를 새로운 이야기로 써냈는데, 자신들의 언어와 셰익스피어의 언어를 뒤섞어 학교에 다니는 아이들이—그리고 성인들 또한—더 이해하기 쉬운 형식으로 글을 썼다. 이 책의 저자들이 자신들의 작품에 대해 다음과 같이 한 말은 플로베르의 이야기들을 각색한 내 이야기들에도 똑같이 적용될 수 있을 것이다.

우리는 가져올 수 있을 것 같은 그의 단어들은 모두 가져왔고, 일관된 이야기라는 균형 잡힌 형식을 부여하기 위해 그 단어들에 무엇을 덧붙이든 성실하게 주의를 기울여 그가 썼던 영어라는[내 경우에는 프랑스어라는] 아름다운 언어의 효과에 가장 방해가 되지 않을 단어들을 골랐다. 이런 이유에서 그가 살던 시대 이후로 우리 언어에 새로 도입된 단어들은 가급적 피했다.

램 남매가 쓴 이야기들은 셰익스피어의 희곡들을 대신할 수 없었지만, 확실히 그 작품들을 읽거나 그 작품들의 공연을 보는 데 도움이 되었다. 내가 각색한 플로베르의 이야기들은 전적으로 내 것이 아니며 플로베르의 편지들을 대신할 수 없다. 편지라는 맥락 속에서 마주할 때면 플로베르가 하는 그 이야기들의 의미는 다소간 달라진다. 그리고 이는 맥락의 중요성을 다시 한 번 증명해준다.

(2012)

근원, 고쳐 쓰기, 순서
그리고 결말

작가로 막 글을 쓰기 시작했을 때 아는 게 별로 없었던 나는 꼭 그렇게 말하지는 않았지만 내가 전통적인 단편소설을 쓰는 작가가 될 거라고 생각했다. 글쓰기가 발전해가면서 나는 그 형식에서 벗어나기 시작했고, 세월이 흐르면서 점점 더 멀리 벗어나게 되었지만 가끔씩 그 형식을 다시 찾기도 했는데, 그것이 아주 탄탄하고 믿을 만한 형식이어서였다. 이렇게 좀 더 전통적인 형식으로 돌아간 예로 내가 십여 년 전쯤에 쓴 〈산책〉이라는 단편소설이 있다.

〈산책〉은 어느 번역 관련 문학 학회가 열리는 동안과 끝난 뒤의 영국 옥스퍼드가 배경인데, 이것은 전형적인 데다 이를테면 《뉴요커》에 실릴 단편소설에는 아주 안성맞춤인 소재였다. 중심인물은 나 자신을 모델로 한 번역가, 그리고 내가 아는 몇 명의 사람들을 뒤섞어 만든 비평가다. 사건의 많은 부분은 옥스퍼드에서 실제로 번역 학회가 열리던 시기에 일어난 실제 사건들에서 가져왔지만, 어떤 요소들은 허구다. (내가 작가로 성장하는 과정에서 경험한 중요한 전환점 하나가 있다면, 살짝만 눈속임을 하면 실제 사건을 설명하는 허구의 이야기를 매우 만족스럽게 쓸 수 있다는 걸 깨달은 일이었다.)

이 단편소설의 중심 사건은 그저 두 주인공이 하는 산책이다. 중심이 되는 극적인 사건은—그렇게 극적이지는 않다—화자가 비평가와 산책을 하면서 그 산책이 자신이 번역한 프루스트의 《스완네 집 쪽으로》 한 단락과 닮아 있다는 걸 자각하는 것이다. 소설에서 또 다른, 좀 더 상투적으로 극적인 순간에, 화자는 자신이 머무르고 있던 건물에서 화재경보기를 울릴 뻔한다. 현실에서 실제로 그 상황에 있던 중심인물은—나다—정말로 화재경보기를 울렸다. 하지만 이 일화를 실제로 일어난 대로, 학생들 전체가 몇몇은 목욕 가운을 입고 젖은 머리를 한 채 잔디밭으로 대피했다거나, 내가 끝도 없이 사과를 했다는 식으로 자세히 이야기했다면 이야기는 완전히 균형을 잃고 잘못된 방향으로 쓰러져버렸을 것이다. 이 소설은 지금의 상태로도 대단히 지적이고, 심지어는 극히 일부 사람들만 이해할 이야기이기도 하다.

어떤 단편소설이든 거의 항상 그렇지만, 이 소설도 단지 한 가지가 아니라 여러 가지로부터 탄생했다. 우선 앞서 말했듯 나는 전통적인 단편소설 형식에 계속 애정을 품어왔고, 그래서 가끔씩 기회가 올 때면 그 형식을 다시 세상에 내놓는 걸 좋아한다. 대체로 기존과는 좀 다른 방식으로 변형하기는 하지만 말이다. 어떤 부류에 속하는 전형적인 화자의 페르소나 속으로 들어가면서, 나는 어떤 면에서는 그런 이야기를 하는 전통적인 목소리까지도 모방하고 있다. 다음과 같은 상당히 전통적인 도입부에서처럼 말이다.

근원, 고쳐 쓰기, 순서 그리고 결말

번역가 한 명과 비평가 한 명이 우연히 옥스퍼드의 멋진 대학가에 함께 있게 되었는데, 번역 관련 학회에 참가해달라는 초청을 받아서였다. 학회는 토요일 하루를 통째로 잡아먹었고, 그날 저녁 그들은 딱히 원해서는 아니었지만 둘만 남아 저녁을 먹게 되었다. 학회에 참여하거나 참석했던 다른 사람들은 모두, 심지어는 주최자들마저 떠난 뒤였다. 오직 그 두 사람만 학회가 열렸던 대학 건물 내에 제공된 각자의 방에서 이틀째의 밤을 보내기로 한 것이었다. 복도에는 얼룩진 카펫이 깔려 있고 손님용 객실에서는 곰팡이 냄새가 나고 철제 침대 프레임은 삐걱거리는 초라한 건물에서 말이다.

(나는 소설 속 장소에 이름을 붙이지 않는 쪽을 선호하기 때문에 처음에는 소설 어디에서도 도시 이름을 밝히지 않았다. 그러다가 다른 무엇보다도 소설의 화자가 찾고 있는 장소가 《옥스퍼드 영어 사전》의 유명한 편집자가 살던 곳이라는 점을 생각해보니, 이것이 불필요하게 말을 삼가는 일처럼 느껴지기 시작했다.)

그러니 첫째로는 전통적인 단편소설을 쓰고 싶다는 변함없는 소망이 있었고, 그래서 나는 적절한 소재가 있는지 나도 모르게 살펴보고 있었다. 둘째로, 나는 내가 특히 저녁 시간대에 경험했던 옥스퍼드의 물리적인 아름다움에—다양한 건축 양식으로 지어진 그곳의 건물들이 저녁 햇빛 속에서 드러내는 아름다움에—감동해 있었고, 그래서 그 장소를 묘사하고 싶었다. 셋째로, 나는 여러 해 동안 《옥스퍼드 영어 사전》의 탄생에 관한 이야기에 몹시 관심이 있던 터였는데, 그 일이 일어난 장소가 바로 그곳이었다. 사전의 편집자 제임스 머리의 손녀인 엘리자베스 머리는 《단어의 거미줄에 붙들려》라는 근사한 책에서 자신의 할아버지가 어떻게 작업을 했는지 자세히 이야기한다. 내가 그 사전의 탄생에 관심이 있었던 건 문헌학과 참고 도서, 그리고 언어에 사로잡힌 사람들에게 전반적으로 관심이 있어서이기도 했지만, 사람에 관한 이야기, 즉 그 사전의 편집자가 자기 집 뒤뜰에 있는 작은 건물에서 작업을 하며 자신의 여러 아이를 프로젝트에 참여시켰고, 수감 중인 죄수들을 포함해 세계 곳곳의 다양한 통신원들 또한 참여시켰는데, 이 통신원들이 그에게 단어들과 그 단어들이 들어간 인용구들을 보내주곤 했다는 사실 때문이기도 했다. 넷째로, 나는 내가 한 《스완네 집 쪽으로》 번역에 대한 한 비평가의 논평 때문에 좌절해 있던 터라 그에 대한 반응을 소설로 가장해 얼마간 표현하는 것도 약간은 기분이 나아지는 일이 될 것 같았다. 다섯째로, 나는 내가 실제로 했던 그 산책이 만족스럽고 재미있었고, 그 자체로 《스완네 집 쪽으로》에 나오는 산책과 아주 유사하거나 그것을 넌지시 언급하는 듯했던 그 산책을 단편소설 속에 재현하고 싶었다. 아마도 이런 일들이 동시에 일어난 것이 소설을 촉발한 시작점이었을 것이다.

　원래는 이렇게 말할 생각이었다. 철저히 전통적인 단편소설에는 허용되지 않았을 한 가지 요소를 이 소설에 넣고 싶은 욕망이 내게는 처음부터 있었다고 말이다. 그 요소란 프루스트의 장편소설에서 긴 단락 하나를 인용하되, 한 번만 인용하는 게 아니라 (관심 없는 독자에게는 거의 똑같아 보일) 두 개의 번역본으로 인용하는 것이었다. 하지만 사실 나는 처음부터 그럴 생각은 아니었고, 그 요소를 집어넣을 생각이 떠오른 건 소설을 쓰는 도중이었다.

　이것과는 완전히 다른 종류의 단편소설 한 편과 그것이 탄생한 배경에 대해 이야기를 이어가기 전에 여기서 잠깐 곁다리로 빠져보자. '영감'이라는 것 자체에 공통으로 존재하는 감정에 대한 두 개의 서술을 인용해보려 한다. 내가 지금껏 이야기해왔고 계속 이야기할 주제가 영감—한 편의 글을 태어나게 하는 원동력—이니 말이다.

　첫 번째 인용문은 사실 번역을 하고 싶은 충동에 관한 것인데, 나는 이 충동이 자신만의 무언가를 쓰고 싶은 충동과 매우 밀접하게 관련되어 있다고 생각한다. 나는 오랜 세월에 걸쳐 서서히 그 긴밀한 유사성을 깨닫게 되었다. 내가 나의 외부에 있는 무언가를 나 자신의 글 속에 포착하고 싶어

하는 것처럼, 어떤 글을 번역하고 싶어 할 때 나는 마찬가지로 그 글을 포착하고, 내 경우에는 영어로 재현하고 싶어 하는 것이다.

체스와프 미워시와 비스와바 쉼보르스카의 작품을 번역한 클레어 캐배너는 자신이 쓴 번역에 관한 에세이 《잃어버리기의 기술: 폴란드 시와 번역》을 다음과 같은 서술로 끝맺는다.

물론 시를 번역한다는 것은 가장 좋은 것들이 다 그렇듯 불가능한 일이다. 하지만 그런 시도를 하도록 몰아붙이는 충동은 우리 안에 있는 서정시를 쓰는 시인을 매번 내보내 시의 몇 행 안에서 세계를 정복하라고 시키는 힘으로부터 그렇게 멀리 있지 않다고 나는 생각한다. 눈앞에 멋진 시 한 편이 있고, 당신은 그 시가 갖고 싶다. 당신은 그 시를 몇 번이고 읽어보고, 그것을 외울 수 있는지, 혹은 한 행 한 행 그대로 베껴 쓸 수 있는지 본다. 하지만 무슨 짓을 해봐도 소용이 없고, 그 시는 여전히 거기 그대로 있다. 그 시의 영어판이 이미 존재하는 게 아니라면, 당신은 번역으로 방향을 튼다. 그 시를 최종적으로 붙잡고 싶다는, 마침내 당신만의 것으로 만들고 싶다는 헛된 희망을 품은 채 그것을 당신의 모국어로, 당신만의 단어들로 다시 만들어내려고 시도한다. 그리고 가끔씩은, 적어도 한동안은, 하루나 이틀 아니면 심지어 몇 주

동안이나, 당신은 자신이 그 시를 붙잡았다고, 효과가 있었다고, 그 시가 당신의 것이 되었다고 느끼기까지 한다. 하지만 그러다 어느 시점에선가 그 시 자체로 돌아가보면, 당신은 머리를 벽에 찧으며 웃을 수밖에 없다. 그 시는 여전히 거기 그대로 있으니까.

이 글을 《스완네 집 쪽으로》에 나오는 다음 단락과 비교해보라. 프루스트는 이 글에서 자신을 감동시키는 무언가를 글 속에 붙잡아두고 싶어 한다는 것이 젊은 마르셀에게 어떤 느낌인지 묘사하고 있다.

그러다 이 모든 문학적 관심에서 상당히 멀리 떨어져 그것들과 어떤 식으로도 연결되지 않은 곳에서, 갑자기 지붕 하나가, 돌 위에 희미하게 비치는 햇빛 한 자락이, 길에서 나는 향기가 독특한 기쁨을 주면서, 그리고 내가 볼 수 있는 것을 넘어선 무언가를 숨기고는 와서 가져가라고 초대하면서 나를 멈춰 세우곤 했지만, 나는 아무리 애를 써도 그것이 무엇인지 알아낼 수 없었다. 그 무언가가 그것들 속에 있다고 느낀 나는 움직이지 않은 채 거기 서서 바라보고, 숨쉬고, 이미지나 향기를 넘어 내 생각을 따라가려고 애쓰곤 했다. 그리고 할아버지 뒤를 따라 길을 계속 가야 할 때면, 나는 두 눈을 감고 그것들을 되찾으려고 애쓰곤 했고, 그 지붕의 선을, 그 돌에 어려 있던 그늘을, 나로서는 이유를 알 수 없었지만 내게는 너무도 충만해 보였고, 그저 어떤 덮개에 불과한 자신들을 열어 안에 있는 것을 내줄 준비가 되어 있는 것 같던 그것들을 정확히 기억해내는 일에 집중하곤 했다.

그리고 사실 이 단락을 옮겨 쓰는 동안 나는 프루스트가 예로 든 지붕과 돌에 어른거리는 햇빛 자락, 그리고 내가 옥스퍼드의 물리적 아름다움에 감동한 일 사이에서 이 글을 인용하려고 골랐을 때는 몰랐던 연관성 한 가지를 발견하기도 했다. 바로 그런 것이, 하늘에서 일몰을 향해 기울어가는 태양이 도시의 지붕들 위로, 건물들을 이루는 돌들 위로, 자갈이 깔린 거리 위로 따스한 벌꿀색 빛을 비추는 방식이 내게는 그 도시의 아름다움의 일부였기 때문이다.

프루스트가 받았던 다소 숭고한 종류의 영감에서 좀 더 우스꽝스러운 종류에 속할 법한 영감으로, 하지만 내가 생각할 때 소재의 숭고함은 덜할지언정 그 충동은 똑같다고 느껴지는 영감으로 옮겨 가보자. 여기, 어째선지 몰라도 당신이 아주 좋아하고 단숨에 다 읽어버리고 싶어 할 만한 소재가 있다. 이 이야기는 내가 받은 어느 단체 메일에서 탄생했다. 제목은 〈낸시 브라운이 마을에 온다〉인데, 영영 떠날

근원, 고쳐 쓰기, 순서 그리고 결말

준비를 하기 위해 지역 사회에 돌아오는 한 여성에 대한 이야기다.

여기 그 이야기가 있다.

낸시 브라운이 마을에 온다

낸시 브라운이 마을에 온다. 자기 물건들을 팔려고 온다. 낸시 브라운은 멀리 이사를 간다. 자기 퀸 사이즈 매트리스를 팔고 싶어 한다.

그녀의 퀸 사이즈 매트리스가 갖고 싶나? 그녀의 오토만*이 갖고 싶나? 그녀의 목욕 용품이 갖고 싶나?

낸시 브라운에게 작별 인사를 할 시간이다.

우린 그동안 그녀와 친구여서 즐거웠다. 그녀의 테니스 수업이 즐거웠다.

이 이야기에 영감을 불어넣어준 메일을 보여주기 전에, 이 이야기의 다음과 같은 초기 버전을 인용하고 내가 어떻게 그것을 고쳐 썼는지 설명해보면 재미있겠다는 생각이 들었다.

---

* 위에 부드러운 천을 댄 긴 상자 모양의 가구로, 상자 안에는 물건을 보관하고 윗부분은 의자로 쓴다.

낸시 브라운

낸시 브라운이 마을에 온다. 낸시 브라운이 마을에 온다고 한다. 낸시 브라운이 자기 매트리스를 팔고 싶어 한다고 한다. 낸시 브라운의 퀸 사이즈 매트리스가 사고 싶나? 그녀의 오토만이 갖고 싶나? 그녀의 목욕 용품이 갖고 싶나?

마을에 올 거라면 자기 물건들은 왜 파는 걸까? 아, 낸시는 그저 자기 물건들을 팔려고 마을에 돌아오는 것이다. 그녀는 곧 마을을 다시 떠날 것이다. 돌아오지 않을 것이다. 낸시 브라운에게 작별 인사를 할 시간이다.

우린 그동안 그녀의 테니스 수업이 즐거웠다. 그녀와 친구여서 즐거웠다.

1. 우선 제목부터 이야기해보자. '낸시 브라운'도 나쁘지 않고 나는 이 이름이 마음에 들지만, '낸시 브라운이 마을에 온다'는 훨씬 더 괜찮은 데다 나는 제목을 첫 줄에 되풀이하는 것을 꺼리지 않는다. 시에서는 자주 하고, 산문에서는 그보다 드물게 하는 일이다.

2. 여러분이 읽어봐도 초기 버전에는 전체적으로 동어반복이 많을 것이다. 지나치게 많다. 나는 반복을 좋아하지만, 초기 버전에는 글을 앞으로 나아가게 하는 데 그다지 도움이 되지 않는 반복들이 포함되어 있었다. 질문과 대답을 통해 생각하는 과정이 나오는데, 이것은 처음 나오는 짧은 단

락 속에 줄여 넣을 수 있었다.

3. 나는 '~한다고 한다'를 들어내면서 글 속에 숨어 있는 것 같던 중개자 또한 없애버렸다.

4. 자, 마지막 고쳐 쓰기는 내게는 가장 재미있는 과정이다. 나는 마지막 두 문장의 순서를 바꿨다. 사실은 뒤집었다. "우린 그동안 그녀의 테니스 수업이 즐거웠다. 그녀와 친구여서 즐거웠다"가 "우린 그동안 그녀와 친구여서 즐거웠다. 그녀의 테니스 수업이 즐거웠다"로 바뀌었다. 처음에 썼던 순서가 더 '논리적' 혹은 전통적이었다. 우리가 처음에는 마치 반사를 일으키듯 관습적인 생각을 하다가 그 뒤에는 좀 더 대담하고 독창적인 생각을 하기도 한다는 이야기는 종종 사실이다. 처음에 썼던 논리적인 순서에서는 덜 중요하면서 특수한 "테니스 수업"을 앞에 두고, 더 중요하면서 일반적인 "친구여서"를 뒤에 두었다. 마치 특수한 것으로부터 밖으로 뻗어나가 적당히 일반적인 기록으로 끝내듯이 말이다. 그럼에도 사실 내게는 반대로 된 순서가 더 재미있었다. 좀 더 익숙하고 예측 가능한 "친구여서"를 앞에 두고, 좀 더 놀랍고 부조리하기까지 한 "테니스 수업"을 뒤에 두어서 결국에는 어느 정도 부조리한 글이 부조리한 언급으로 끝나도록 한 것이다.

원래의 메일에 대해 말하자면, 내 주의를 잡아끈 건 물론 메일 제목이었다. '다시 브라운이 마을에 옵니다'. 보낸 사람은 그 문장에 담긴 절묘한 각운*과 거기서 오는 매력을 알았거나 몰랐거나 둘 중 하나일 것이다. 메일의 원문은 다음과 같다.

다시 브라운의 테니스 수업, 심장 강화 테니스 수업이 즐거우셨거나 그녀와 친구여서 즐거우셨던 분들을 위해, 그녀가 주말에 마을에 와 한 주 반가량 머무를 예정입니다. 다시는 여러분을 만나거나 소식을 듣고 싶어 합니다.
그녀는 창고에 보관하고 있던 다음과 같은 몇몇 물품들을 처분할 예정이기도 합니다.
퀸 사이즈 매트리스 1개
싱글 사이즈 매트리스—박스 스프링—프레임 각 1개
서핑보드로 만든 테이블 1개
북유럽풍 의자와 오토만 각 1개
주방 용품 및 목욕 용품 5상자
기타 등등

내가 이 메일이 살짝 부조리한 한 편의 글이 될 수 있겠다고 생각하게 해준 건, 아마도 첫째로는 '다시 브라운이 마을

---

* 원문의 제목은 'Darcy Brown will be in town'으로 Brown과 town에서 비슷한 발음이 반복된다.

근원, 고쳐 쓰기, 순서 그리고 결말

에 옵니다'라는 제목 문장에 담긴 매력과 노래하는 듯한 음악적 요소였을 테고, 둘째로는 나는 다시 브라운이라는 사람을 몰랐으니 이 메일의 뜬금없음이었을 것이다. 나는 다시 브라운을 모르지만 그럼에도 다시 브라운의 세계로 갑작스럽게 이끌려간다. 다시 한 번 말하지만, 너무도 많은 것이 맥락에 달려 있다. 여기서 나는 다시 브라운이라는 사람을 몰랐기 때문에―마치 그 메일이 나를 개인적으로 겨냥한 메일이었던 양―이렇게 혼잣말을 하는 것으로 반응했다. '다시 브라운이 이사를 가는 게 나랑 무슨 상관이고, 왜 내가 다시 브라운의 퀸 사이즈 매트리스를 원하겠어?' 나는 그녀의 소지품 목록을 읽어 내려갔지만 "싱글 사이즈 매트리스―박스 스프링―프레임"이라는 말에―작가로서―그리 관심이 가지는 않았다. 하지만 그러다가 "오토만"에 끌렸다. 나는 "오토만"이라는 단어가 마음에 든다. 오토만 제국을 떠올리게 하는 데다 가구치고는 너무나도 고상하게 들리는 단어라서다. 그래서 이 단어를 내 이야기에 그대로 넣고 싶어졌다. 그다음에는 "목욕 용품"이 나오는데, 내가 왜 이 낯선 사람의 목욕 용품을 갖고 싶어 하겠는가?

아마도 나는 메일을 보낸 사람이 본문 첫 문장에 마치 동등한 가치를 지니고 있다는 듯 다음의 세 가지를 집어넣은 점에도 끌린 것 같다. "다시 브라운의 테니스 수업, 심장 강화 테니스 수업이 즐거우셨거나 그녀와 친구여서 즐거우셨던 분들을 위해". 이것은 "친구여서"가 최정점에 있거나 최종적인 것이 되지 않도록 내 글의 마지막 문장 순서를 바꿔야 할 또 한 가지 이유가 되었다.

나는 또 내 마음에는 들었던 브라운이라는 여성의 실제 이름 '다시'를 '낸시'로 바꾸었는데, 이것은 그저 실존 인물인 그 여성을 다소간 보호하기 위해서였다. 그녀의 이름이 꽤 흔하긴 했지만 말이다. 낸시 브라운은 내가 십대 때 알고 지냈던 사람의 이름이기도 했는데, 덧붙여 말하자면 그 사람 역시 어느 시점에선가 자신의 본명을 훨씬 이국적인 느낌의 이름으로 바꿨다.

⟨낸시 브라운이 마을에 온다⟩ 마지막 부분의 순서에 관한 문제로부터 순서의 중요성에 대해 전반적인 이야기를 조금 더 해보고 싶다.

나는 가끔씩 이런 질문을 받는다. "한 편의 글이 끝났다는 걸 언제 아시나요?" 나는 이 흥미로운 질문에 직접 답하기보다는 한 편의 글의 맨 마지막 문장들을 쓰는 일에 관해 이야기해보려 한다. 아니 그보다는, 가끔씩 글 전체는 거의 완성되었지만 맨 마지막 문장들이 약하고 고쳐 써야 해서 끝났다고 하기 어려운 경우가 생긴다는 이야기로 그 질문에 부분적으로 대답하려 한다. 그 점에 대해 곧 좀 더 자세히 설명하겠지만, 먼저 한 줄 혹은 한 문장 안에서의 순서에 대해 말하고 싶은 것이 있다.

　순서는 매우 중요하다. 어떤 종류의 나열을 이루는 순서든 그렇다. 당신이 한 문장 안에 나열하고 싶은 요소들을 늘어놓기는 했는데 그 순서가 임의적이거나 다소 뒤죽박죽일 수도 있다. 그러면 독자는 당신이 제공한 내용물을 받지만 가장 좋은 순서로, 깔끔하게 앞뒤가 딱딱 맞아떨어지는 순서로 머릿속에 받아들이게 되지는 않는다.

　내 말을 이해할 수 있도록 아주 좋은 순서로 나열된 예 하나를 들어보겠다.

　다음의 인용문은 토머스 제퍼슨의 독립선언문에서 발췌한 것인데, 아마도 젊은 작가의—아니, 사실은 모든 작가의—바이블이 되어야 할, 혹은 적어도 참고 도서 책장에는 반드시 꽂혀 있어야 할 한 권의 책에 실려 있다. (우리 가운데 몇몇 사람들이 지금 있는 참고 도서들이 꽂힌 책장도 방치하고 있다는 건 알지만, 나는 이 책은 가까이에 두어야 한다고 생각한다.) 버지니아 터프티의 《솜씨 있는 문장들: 문체로서의 구문론》이 그 책이다. 나는 그동안 이 책을 학생들에게 몇 번이나 과제로 내주었는데, 어떤 학생들은 이 책을 정말로 자신의 바이블로 받아들이고, 다른 학생들은 너무 어렵고 좌절감을 주는 책이라고 여긴다. 그래도 이 책은 읽어볼 가치가 있다. 훌륭한 인용문들이 가득한 이 책에서 터프티가 사실상 하는 일은 효과적이고 감동적인 문체를 만들어낼 수 있는 문장 구조나 구절의 구조를 아주 다양하게 보여주는 것이다. 터프티는 전혀 모르는 작가들에게로 당신을 이끌어줄 놀랄 만큼 다양한 인용문들을 통해 그 구조들 모두를 보여주고, 그것들이 어떻게 작동하는지 분석한다. 또한 이야기의 마법이 어떻게 작동하는지 보여줌으로써 마음을 움직이는 이야기에서 신비를 들어낸다고 할 수도 있겠다. 나는 수업의 학생들에게 이렇게 말해왔다. '이 책을 처음부터 끝까지 읽고 여기 실린 모든 사례들에 관해 정말로 깊이 생각하고 소화한다면 여러분은 더 훌륭한 작가가 될 겁니다.' 이것은 틀림없이 사실이다. 상당수의 다른 책들, 이를테면 셰익스피어의 전작 같은 책들에도 해당되는 이야기이긴 하지만 말이다.

제퍼슨의 문장은 다음과 같다.

그는 우리의 바다를 약탈하고, 우리의 해안을 황폐화하고, 우리의 도시들을 불태우고, 우리 국민들의 삶을 파괴했습니다.

("그"는 적인 영국 국왕 조지 3세를 말한다.)

버지니아 터프티는 이 나열을 이루는 순서에 관해 (1) 동사들이 차례차례 나오면서 사건의 점차 증가하는 폭력성을 어떻게 보여주는지 지적한다. 그리고 예로 든 문장을 다시 한 번 읽어보면 그와 동시에 작동하는 다음과 같은 또 하나의 패턴이 보일 것이다. (2) 폭력은 육지 바깥의 바다 위에서 해안으로, 도시 내부로, 그러고는 다름 아닌 국민들의 삶 속으로 움직이고 있다. 여기서 감지되는 패턴이 한 가지 더 있는데, 그것은 (3) 이렇게 나열된 혹은 연속된 구절들이 명사-동사의 쌍으로 이루어진 병렬 구조로 되어 있고, 앞 구절들보다 조금 더 긴 마지막 구절만 예외라는 점이다. 마지막에 더 들어간 음절들은 강세가 두 군데 있는 구절로 갑작스럽게 문장을 끝내는 대신 몇 개의 박자를 더 제공함으로써—강세가 세 군데 있는 구절이다—독자를 부드럽게 착지시킨다. 이런 것이 수사법이고, 설득력을 얻는 방법이고, 마음을 움직이는 이야기 방법이다. 제퍼슨은 이 항목들을 부주의하거나 임의적인 순서로, 병렬 구조 없이 나열할 수도 있었다. 그랬더라면 내용은 같았겠지만 그 효과는 문장 속에서 들리거나 느껴지는 두 가지, 아니 실은 세 가지 패턴으로 강화된 지금만큼 강력하지 않았을 것이다.

그건 그렇고, 나는 가장 잘 쓰인 글들을 면밀하게 의식적으로 분석하면—우리가 비교적 짧은 이 한 문장을 가지고 방금 한 것처럼, 그리고 버지니아 터프티가 자신의 책 전체에서 한 것처럼—의식 수준에서뿐만 아니라 잠재의식이나 무의식 수준에서도 글을 잘 쓰기 위한 유용한 방식을 배울 수 있을 거라고 믿는다. 마치 훌륭한 패턴들이 우리의 뇌에 새겨지는 것처럼 말이다. 하지만 이런 분석을 하면서 인내심을 갖기는 해야 한다.

 초고를 쓸 때는 나열하는 항목들의 순서에 대해 걱정하지 마라. 그때는 단편소설이나 시를 종이 위에 적어 넣는 것 말고는 크게 걱정이라는 걸 하지 말아야 한다. 하지만 그다음에 고쳐 쓴 원고들에서는 나열한 항목들을 주의 깊게 들여다보면서 가장 좋은 순서로 되어 있는지 확인하라. 그 순서를 결정하게 될 것이 어떤 패턴이든, 덜 폭력적인 것에서 더 폭력적인 것으로 가든, 과거에서 현재로 가든, 특수한 것에서 일반적인 것으로 가든, 바다에서 육지로 가든, 적은 음절 수에서 많은 음절 수로 가든, 짧은 구절에서 긴 구절로 움직이는 패턴이든 상관없이 말이다.

 여기 나열된 혹은 연속된 것들의 순서를 보여주는 또 하나의 예가 있다. 하지만 이번 예에 들어 있는 순서는 틀린 것처럼 보일 것이다.

 나는 상당히 많은 시들의 도입부를 외우고 있는데, 훌륭한 시의 전문 또는 부분들을 암기하는 것은 글쓰기를 향상시키기 위해 내가 추천하는 또 한 가지 습관이다. 그런 시들 중 한 편이 셰익스피어의 소네트 73번이다. 노년에 관한 이 시는 다음과 같이 노년을 가을에 비유하며 시작한다.

 그대는 내게서 이런 계절을 보게 될 것이오
 노란 잎들이, 하나도 없는, 아니 몇 잎은 걸려 있는

추위에 흔들리는 저 가지들 위
전에는 아름다운 새들이 노래하던, 지금은 텅 비고 폐허가
된 성가대석을.

이제 나는 이 시행들을 정확하게 암송할 수 있지만, 오랫동안 두 번째 행 때문에 어려움을 겪었다. 나는 그 행을 틀린 순서로 암송했다. 이렇게 읊었던 것이다. '노란 잎들이, 몇 잎은 걸려 있는, 아니 하나도 없는.' 이 구절을 잘못 읊으면서 나는 이것들을 시간순으로 좀 더 논리에 맞게, 잎들이 아직 있지만 노랗게 변한 상태로부터 (대부분은 떨어져서) 몇 잎밖에 없는 상태로, 다시 하나도 없는 상태로—다시 말해 보통 자연에서 일어나는 방식으로—나열하고 있었던 것이다. 그럼에도 작동 중인 시인의 마음을 반영해주고 더 재미있기도 한 건 직관과는 반대되는 순서다. 시인의 눈에는 노란 잎들이 보이다가 잎이라곤 하나도 보이지 않게 된다. 그러다가 그는 다시 몇 잎은 남아 있을 수도 있다고 수긍하고 있다. 이제 나는 저 시행을 읊을 때면 이런 '뒤죽박죽인' 순서를 음미한다.

앞에서 말했듯 〈낸시 브라운이 마을에 온다〉의 초기 버전에서 나는 이와 비슷하게 두 문장을 좀 더 '자연스러운' 순서에 맞게 배치하는 것으로 끝냈다가, 그 글의 성격이 다소 부조리하기 때문에 그 순서를 뒤집어 다음과 같이 좀 더 이

상한 언급으로 끝내야 한다는 걸 알게 되었다.

그녀와 친구였던 일이 그리울 것이다. 그녀의 테니스 수업이 그리울 것이다.

마치 사실은—다시 생각해보니!—우리가 그녀의 테니스 수업을 그녀와 친구였던 것보다 더 가치 있게 생각할 수도 있다는 것처럼 말이다. 이 순서가 더 나은 이유는 더 부조리할 뿐 아니라 더욱 놀랍기도 하기 때문이다. 미묘하게든 덜 미묘하게든, 당신은 언제나 독자를 놀라게 하고 싶을 것이다. 분명 당신이 어디로 갈지 독자가 정확히 예측하기를 원하지는 않을 것이다. 혹은—언제나 예외는 있으니까—그런 것을 원한다면, 당신은 그 예측을 제대로 활용하고 싶어 할 것이다.

결말을 더 나아지게 하기 위해 내가 한 고쳐 쓰기의 예를 두 가지 더 들어보겠다.

첫 번째는 〈옛날에 알던 남자〉라는 단편소설이다. 여기 그 소설 전문이 있다.

옛날에 알던 남자

어머니가 옛날에 알던, 아버지가 아닌 어떤 남자와 시시덕거리고 있는 것 같다. 나는 혼잣말을 한다. 어머니가 '프란츠'라는 이 남자하고 부적절한 관계를 가져서는 안 돼! '프란츠'는 유럽 사람이다. 나는 말한다. 아버지가 멀리 있는 동안 어머니가 이 남자를 부적절하게 만나서는 안 돼! 그런데 나는 지난날의 현실을 지금의 현실과 혼동하고 있다. 지금의 현실이란 아버지가 집에 돌아오지 않으리라는 것이다. 아버지는 버논 홀 요양센터에 계속 머물러 있을 것이다. 어머니로 말하자면 올해 아흔넷이다. 아흔넷의 여자가 어떻게 부적절한 관계를 가질 수 있겠는가? 그럼에도 내가 혼란스러운 건 이 점인 것 같다. 어머니는 비록 몸은 나이가 들었더라도 배신하는 능력은 여전히 젊고 생생하다는 것.

초기 버전에서 마지막 문장은 이랬다. "그럼에도 내가 혼란스러운 건 이 점인 것 같다. 믿음을 뒤엎고 배신하는 어머니의 능력은 상당히 젊고 생생하다는 것. 어머니의 몸은 아니더라도." 초기 버전에서도 결말의 내용은 거의 같지만, 결말이 쓰인 방식의 밀도는 좀 더 높이고 순서는 바꿀 필요가 있다. '젊은 게'가 암시되어 있는 맨 마지막 단어 "아니더라도"는—"젊은 게 아니더라도"—여기서는 다소 약하고, 확실히 "나이가 들었더라도"만큼 강렬하고 분명하지는 않다. 하지만 "아니더라도"를 "나이가 들었더라도"로 바꾼다 해도 —"어머니의 몸은 나이가 들었더라도"—순서가 틀렸다. 우리는 어머니가 나이가 들었다는 건 이미 알기 때문에, 맨 마지막 말들 속에서 나는 어떤 신선한 정보도 주고 있지 않은 것이다.

초기 버전에서는 신선한 정보가, 즉 화자가 폭로한 사실이 먼저 나오고 그다음에 친숙한 정보—어머니의 몸이 나이가 들었다는 것—가 나오면서 글이 끝나는데, 이것은 김빠지는 결말이다. 반면, 친숙한 정보—어머니의 몸이 나이가 들었다는 것—가 먼저 나오는 건 괜찮다. 특히 "비록"이라는 단어가 앞에 있어서—"어머니는 비록 몸은 나이가 들었더라도"—독자에게 이 친숙한 정보 다음에 무언가 다른 것이 나오리라는 것을 알려주고 있기 때문이다. 그리고 그렇게 나오는 '다른' 것은 놀랍다. "배신하는 능력은 여전히 젊고 생생하다는 것." 우선, 나는 "믿음을 뒤엎고"와 "상당히"를 들어냄으로써 이 구절의 밀도를 높였다. ('상당히' '다소' '아주' 같은 수식어들을 늘 세심히 살펴봐야 한다. 이런 말들은 아마 들어내는 게 이로울 것이다.) 나는 이야기 앞부분에서 어머니가 시시덕거리고 있다고 말함으로써 배신이라는 이런 개념을 준비해두었다. 하지만 그러다 이야기의 맨 끝에 등장하는 것은 "젊고 생생하다는 것"이라는 말들인데, 이 말들은 보통 긍정적인 무언가와 연관되기 때문에 이는 놀라운 일이다. 그리고 그렇게 해서 이 말들과 함께 신선한 개념이 등장한다. 그 개념이란 배신이 혹은 배신하는 능력이 젊고 싱싱할 수 있고, 배신처럼 우리가 좋은 것으로 여기지 않는 무언가도 보통은 긍정적인 의미로 쓰이는 형용사로 수식될 수 있다는 것이다.

이 경우에는 알려진 것이 먼저 나오고 놀라운 것이 그다음에 나오도록 두 가지 요소를 서로 뒤바꾸는 단순한 작업이었는데, 이것은 내가 사춘기 때부터 기억해온 한 가지 조언을 따른 것에 가깝다. 당시 나는 운이 맞는 2행시를 쓰려고 시도하고 있었는데, 이런 말을 들었다. "항상 더 강한 운을 나중에 넣어요." 이 조언은 운이 맞는 2행시뿐 아니라 한 문장 안의 여러 요소, 한 단락 안의 여러 문장, 한 편의 단편소설 안의 여러 단락에 있어서도 종종 효과가 있다. (내가 방금 쓴 이 문장에서 당신이 병렬 구조를, 그리고 작은 단위에서 큰 단위로 나열이 진행되는 것을 알아차렸기를 바란다.) 그러니 한 편의 글에서 맨 마지막 부분을 고쳐 쓸 때는 순서를 고려해보자. 순서를 바꿔서 더 놀랍거나 강렬한 요소로 끝나게 해보면 어떨까.

결말에서의 순서를 보여주는 마지막 예를 들기 전에 결말에 대한, 아마도 도움이 될 약간의 조언을 인용하고 싶다. 존 맥피가 긴 논픽션 작품의 구조를 짜는 자신의 전략에 대해 《뉴요커》에 쓴 기사의 일부다. 그는 이 기사의 앞부분에서도 (아무튼 내게는) 도움이 되는 또 하나의 의견을 표한다. 자신은 한 편의 글의 구조를 만들려 노력하는 과정에서 종종 시간 순서대로, 혹은 주제에 따라 글을 구성하게 된다는 것을 깨달았고, 보통은 시간 순서에 따른 구성의 매력이 더 강렬했다는 것이다.

이제 이 에세이의 끝에 가까운 지점에서 그는 결말에 대해 다음과 같이 말한다.

[오랫동안 《뉴요커》의 편집자였던] 윌리엄 숀이 전에 내 글에는 결말이 세 개 혹은 네 개쯤 있는 것 같아서 좀 이상하다고 말한 적이 있었다. 그건 분명 내가 구조에 대해 집착한 결과다. 어쨌든 그런 집착이 내가 만족스러운 결말을 위해 발버둥 치는 와중에 가끔 하게 되는 한 가지 경험으로 이어졌던 건지도 모르겠다.
글의 상류를 돌아보라. 만약 계획한 결말에 다다랐는데 그것이 제대로 작동하는 것 같지 않다면 시선을 페이지 위로, 그리고 그 전 페이지로 되돌려라. 거기 어딘가에 최고의 결말이 있을지도 모른다. 끝났다는 생각이 들지는 않아도 그 글은 이미 끝났다는 걸 알게 될지도 모른다.

이것과 다소 비슷한 상황, 즉 마지막 문장 앞쪽 어딘가에 문장이나 문장의 일부에서 글을 끝내야 하는 상황을 계속 살펴보기 위해 내가 쓴 시 〈머리, 심장〉의 마지막 두 행에 관해 이야기해보려 한다. 하지만 우선 이 시가 어떻게 고대 영어로 쓰인 시와 제라드 맨리 홉킨스를 경유해 탄생하게 되었는지에 관해—여기서 우리는 다시 영감 혹은 영향력의 문제로 돌아가게 된다—몇 가지를 말할 것이다.

나는 〈머리, 심장〉을 시라고 부르는데, 시를 쓸 의도로 쓰였고, 그 점에서 시 비슷한 내 다른 글들과는 다르기 때문이다. 그런 시 비슷한 다른 글의 예로는 다음과 같은 네 줄짜리 글 〈파리〉가 있다.

파리
버스 뒤쪽,
화장실 안에,
아주 작은 이 부정 승차자가,
보스턴으로 가고 있다.

이 글은 한 편의 산문으로 쓰기 시작했고 여전히 일종의 산문이기를 의도하고 있지만, 줄바꿈이 되어 있기 때문에 결국에는 시처럼 보인다. 줄바꿈은 글이 읽히는 속도와 리듬을 조절하기 위해 그리 했다. 나는 이 글이 노래로서의 시가 아니라 사무적인 진술이라고 여겼다. 여기서도 제목의 기능과 중요성을 지적할 텐데, 이것은 더 이상 줄일 수 없을 만큼 짧은 글들에는 거의 언제나 해당되는 이야기다. 제목은 독자를 글의 도입부 앞에 데려다 놓기 위해 반드시 필요하다. 나는 내가 무엇에 관해 쓰는지 그 이름을 제목으로 붙이는데, 독자가 그것이 무엇인지 알게 된 뒤에 그 생명체를 다른 시각에서—목적지가 있는 승객으로—보게 하기 위해서다.

시 비슷한 글의 또 한 가지 종류는 시로서 쓰이지만 산문 속에 들어 있게 된 시이고, 그래서 행의 끝이 나란히 맞춰져 산문처럼 보이는 글이다. 또 다른 산문 속에 들어가 있는 〈엄마와 여행하기〉가 그런 경우인데, 이 글은 행의 끝이 나란히 맞춰져 있고 번호가 붙은 여섯 개의 섹션으로 정리되어 있으며, 그 여섯 개의 섹션 각각에는 두 덩어리로 나눠진 산문 문장들이 포함되어 있다. 각각의 산문 문장 덩어리는 줄바꿈이 되어 있는, 그리고 좀 더 관습적으로 보이는 시에서 하나의 시행과 똑같은 방식으로 기능한다고 할 수 있다.

이제 섹션 1과 2로 나뉘어 있는 〈엄마와 여행하기〉의 첫 부분을 인용해보겠다. 이 글은 문장 구조와 어휘에 있어 시적이라기보다는 상당히 산문적이다.

엄마와 여행하기
1
버스 앞에는 예상과는 달리 '클리블랜드'가 아니라 '버펄로'

라고 적혀 있었다. 배낭은 국립 오듀본 협회가 아니라 시에라 클럽의 배낭이었다.

나는 클리블랜드로 가려는 게 아니었지만, 사람들이 타야 하는 버스라고 말한 건 앞에 '클리블랜드'라고 적힌 버스였다.

2
내가 이 여행에 가져온 배낭은 아주 튼튼한 것이었다. 필요한 것보다 훨씬 탄탄했다.

배낭에 뭐가 들어 있냐고 사람들이 물을 것에 대비해 나는 여러 가지 대답을 연습했다. "화분에 식물을 심는 데 쓸 흙이에요"라거나 "아로마테라피 쿠션을 만들려고요"라고 말할 생각이었다. 사실대로 말했을 것 같기도 하다. 하지만 이번에는 가방 수색이 없었다.

자, 행의 끝이 나란히 맞춰진 데다 꽤 평범한 내용—배낭, 시에라 클럽, 클리블랜드—을 담고 있는 이 산문은 전체가 꼭 한 편의 시처럼 보이지는 않지만 내 머릿속에서는 한 편의 시로 의도된 것이다. 반면 앞서 말했듯 〈파리〉는 시로 의도되지 않았지만 시처럼 보인다. 이 경우 나는 '시'를 한 편의 '노래로서의 시'—산문보다 더 형식이 갖춰져 있고

리드미컬하며 끊기는 부분이 많은—로 생각하거나 정의하고 있다. 다시 〈엄마와 여행하기〉로 돌아가보면, 이 글을 이루는 산문의 경우에는 다소 기복이 없고, 긴 행들은 내게는 자기 주위의 빈 공간을 향해 소리를 치는 것처럼 보이지만 말이다. 아마도 각각의 진술이 어쨌거나 분리되어 있어서일 것이다. 화자 혹은 낭송자는 계속 말을 멈추어야 한다.

이제 이런 산문적이고 서정적이지 않은 시에서 상당히 서정적이고 '노래하는' 것 같은 제라드 맨리 홉킨스의 시들로 옮겨 가보자. 글을 잘 쓰는 법을 배우기 위해 가장 열심히 노력했던 이십대 시절, 나는 카프카의 일기들을 읽으며 그의 완성된 글 이면에서 진행된 작업과 생각을, 그리고 다듬어지기 전의 원고나 잘못 시작한 글, 미완성 상태의 글을 보는 게 좋았다. 마찬가지로 《마담 보바리》를 번역하느라 바쁠 때는 같은 이유로 플로베르의 편지들을 읽는 게 좋았다.

제라드 맨리 홉킨스의 일기들을 자세히 파고들어 특히 자연 현상—예를 들면 개울물이 소용돌이치는 모습—에 대한 그의 자세하고 철저한 묘사를 읽는 게 좋았던 시기도 있었다. 이 일기들은 시 쓰기가 종교에 대한 헌신과 상충한다고 확신하게 된 그가—홉킨스는 최근에 가톨릭으로 개종했고 결국 예수회에 들어가 사제 서품을 받았다—시를 쓰지 않고 지냈던 7년 동안 일종의 보상으로서 쓴 글들이다. (이와 비슷하게, 20세기 미국인이며 객관주의 시인이었던 조지 오펜 또한 시 쓰기를—그의 경우에는 20년 넘게—그만 두었는데, 그 역시 시 쓰기가 자신의 원칙에 어긋난다고 느꼈기 때문이었다. 그의 원칙은 종교적 신념이 아니라 정치적 운동이었고, 한동안은 공산주의이기도 했지만 말이다.) 홉킨스의 일기에 담겨 있는 광범위하고 자세한 묘사들이 어떻게 한데 모여 압축되고 간결한 이미지들로 그의 완성된 시 속에 남게 되었는지 알게 되는 것은 매혹적인 일이다.

많은 사람에게 잘 알려진 시 〈알록달록한 아름다움〉은 하느님 자신의 변치 않는 아름다움과는 대조되는, 위대할 만큼 다양하고 복잡하며 변화무쌍한 물질세계를 창조한 하느님을 찬양하는 시라고 요약할 수 있을 것이다.

알록달록한 아름다움
알록달록한 것들을 만드신 하느님께 영광 있으라—
얼룩무늬 젖소처럼 두 색이 어우러진 하늘에,
헤엄치는 송어 몸통에 온통 점점이 찍힌 장밋빛 점들에,
갓 피운 석탄에 껍질을 비집고 나온 알밤에, 핀치새의 날개에,
구획되고 나뉜 풍경에—목초지, 휴경지, 경작지에,
그리고 온갖 생업들에, 그 연장, 도구, 장비에.

반대되고, 독특하고, 진귀하고, 이상한 모든 것을,

변덕스럽고 얼룩덜룩한 것은 무엇이든 (누가 그 이치를 알까?)
빠르고 느린, 달콤하고 시큼한, 눈부시고 흐릿한 모든 것을
변함없는 아름다움을 지니신 그분은 만들어내시네,
그분을 찬양하라.

홉킨스가 쓴 또 한 편의 유명한 시를 옮겨본다.

봄과 가을: 어린아이에게
마거릿, 너는 슬퍼하고 있니
골든그로브에 낙엽이 지는 걸 보고?
나뭇잎들을, 사람의 일들처럼, 너는
네 젊은 생각들로 걱정하는구나, 정말 그러니?
아! 마음은 나이가 들수록
그런 광경들에 냉담해질 거야
한 잎씩 떨어지는 창백한 숲의 세계를 지나면서도
점점 더, 한숨 한번 쉬지 않을 거야
그럼에도 너는 울면서 그 이유를 알게 될 거야.
이제 아무 상관없단다, 아이야, 이름 같은 건
슬픔의 근원은 모두 같으니.
어떤 입도, 어떤 정신도, 표현하지 않았지
마음이 듣고 영혼이 짐작한 것을.

근원, 고쳐 쓰기, 순서 그리고 결말

그것은 인간이 안고 태어난 어두운 그림자,
마거릿 네가 슬퍼하는 이유는 너 자신이란다.

어느 온라인 사이트의 해설자('호쿠Hokku'의 데이비드 쿰러)는 아주 설득력 있고 합리적인 태도로 이 시를 살펴본다. 이 시가 특별히 난해한 시는 아니지만 그의 해설을 읽는 것은 즐겁다. 나는 '창백한 숲wanwood'의 뜻을 검색하다가 그 사이트를 우연히 발견했는데, 쿰러는 이 단어를 둘로 나누면 생기는 바로 그 의미로 해석했다. '창백한'(즉 색이 바래가는, 죽어가는)을 뜻하는 'wan'과 '수풀' 또는 '숲'을 뜻하는 'wood'로. '한 잎씩 떨어지는'을 뜻하는 'leafmeal'에 대해 쿰러는 재미있는 이야기를 들려주었다.

홉킨스가 여기서 사용한 'leafmeal'은 무언가의 '양'을 뜻하는 고대 영어 단어 mael을 사용하다 만들어진 매우 흥미로운 단어다. 'meal'은 접미사로 사용되면 어떤 일이 '조금씩' 일어나고 있다는 것을 뜻한다. 다시 말해 들판의 곡식이 'sheafmeal', 즉 '한 단씩' 베어져나갔다고 할 때처럼 서서히 진행되는 것을 뜻한다. 그러므로 여기서 홉킨스는 가을의 숲은 모두 '한 잎씩 떨어지는' 상태, 즉 수없이 많은 잎들이 한 잎씩 떨어져 흩어지고 쌓이고 있는 상태라고 말하고 있는 것이다. 물론 'meal'은 잘게 빻은 곡물—'옥수숫가루cornmeal'에서처럼—을 뜻하기도 하므로, 이 단어에는 썩으면서 서서히 부서지는, 잎에서 흙으로 변해가는 잎들이라는 함의가 있다.

하지만 이 시의 끝부분에 이르자 쿰러는 몇몇 시행이 '시적'인지 그렇지 못한지에 대해 나와는 조금 다른 의견을 표했다. 이 시의 마지막 네 행을 다시 옮겨본다.

어떤 입도, 어떤 정신도, 표현하지 않았지
마음이 듣고 영혼이 짐작한 것을.
그것은 인간이 안고 태어난 어두운 그림자,
마거릿 네가 슬퍼하는 이유는 너 자신이란다.

나는 이 부분의 다음과 같은 첫 두 행을, 특히 첫 행을 언제나 유독 좋아했다.

어떤 입도, 어떤 정신도, 표현하지 않았지
마음이 듣고 영혼이 짐작한 것을.

하지만 해설자인 쿰러는 이 시행들이 독자가 "다소 힘겹게 풀어내야 하는" 몫으로 남는다며 "이 시행들은 그 복잡성 때문에 그렇게 시적이지는 못하다"고 말한다.
또 다른 어느 사이트는 이 시에서 가장 아름다운 시행은

"한 잎씩 떨어지는 창백한 숲의 세계를 지나면서도Though worlds of wanwood leafmeal lie"라고 주장한다. 즉 w음과 l음, 'leafmeal'에서 느껴지는 모음운*, 그리고 'leafmeal lie'에서의 두운이 아름답다는 것이다. 그러니 아름다운 시행을 이루는 것은 무엇인지에 대한 두 가지 생각이 여기서 드러나는 셈인데, 이것들은 그저 서로 다를 뿐 양립할 수 있는 생각이다.

내가 좀 더 난해한 이 행들을 좋아하는 데에는 몇 가지 이유가 있다. 가장 먼저 떠오르는 명백한 이유는 병렬 구조로 된 두운이다. 첫 행인 "어떤 입도, 어떤 정신도Nor mouth… no nor mind"에서의 두운, 그리고 그다음 행인 "마음이 듣고 영혼이 짐작한 것을heart heard… ghost guessed"에 등장하는 1음절 단어들과 두운(여기서 'ghost'는 '영혼'을 뜻한다). 그리고 이 부분 전체가 압축을 통해 탄생했다는 이유도 있다. 그 외에 '어떤no'에서 느껴지는 뜨거움과 직설적인 태도가 있고, 의사 표현 기관을 지시하기 위해 "입mouth"이라는 단어를 거의 동물적으로 언급했다는 점도 있다. "네 입술은[혀는] 이런 생각을 표현하지 않았지, 아니, 네 정신은 심지어 그걸 품지도 않았지"처럼 정제해서 말하기보다는 "어떤

---

* 인접한 두 음절의 강세가 있는 모음이 서로 유사할 때 만들어지는 압운.

입도, 어떤 정신도, 표현하지 않았지"라고 말하는 것이다.

　아무튼 내가 이 시의 소리를 느끼기로는, 이런 압축과 직설적인 태도는 이 시행들에서 더 많은 감정이 느껴지게 하는 효과를 냈다. 마치 화자가 이 시행들을 거의 억지로 쥐어짜내기라도 한 것처럼.

　내 시 〈머리, 심장〉의 형식은 고대 영어 시의 두운과 압축에서부터 발전해 나온 게 아닐까 생각한 적이 있다. 하지만 홉킨스가 쓴 이 두 편의 시를 들여다볼수록 나는 이 시들 역시 내게 영향을 미쳤을지 모른다는 생각을 하게 된다. 특히 홉킨스의 두운 사용은 너무도 극단적이어서 그 자체로 주의를 불러일으키는데, 이는 종종 말해지는 또 하나의 규칙, 즉 수사법을 배치할 때는 작가가 말하고 있는 바로부터 주의를 빼앗아갈 만큼 눈에 띄게 해서는 안 된다는 규칙을 멋지게 위반하는 것이다.

　그리고 사실 내가 앵글로색슨어로 된 시와 제라드 맨리 홉킨스의 시에서 발견하는 연관성은 우연이 아니다. 홉킨스에 관한 자료를 좀 더 읽으며 알게 된 바에 따르면 그 자신이 앵글로색슨어로 된 시의 오래된 리듬 구조에 매혹돼 있었던 것이다.

　고대 영어 시의 특징들에 대해 제대로 말하려면 돌아가서 공부를 좀 해둬야 할 것 같다. 고대 영어 시란, 1066년에 일어난 노르만 정복의 몇십 년 뒤부터 17세기까지 고대 영어나 앵글로색슨어로 쓰인 시를 말한다. 내가 지금 말할 수 있는 것은 고대 영어 시는 각각의 시행 속에서 두운이 과하게 사용되고, 각각의 시행이 행간의 휴지를 통해 두 부분으로 나뉘는 것이 특징이라는 것이다.

 내가 오래전에, 혹은 그렇게 오래전은 아닌 과거에 〈머리, 심장〉을 쓰면서 했던 선택들의 이면 어딘가에는 고대 영어의 리듬과 단어의 소리가 자리하고 있을지도 모른다. 그리고 홉킨스 시의 리듬과 단어의 소리 역시 거기에 자리하고 있을지도 모른다. 왜냐하면 홉킨스 시가 지닌 리듬의 이면 어딘가에는 앵글로색슨어의 리듬이 자리하고 있기 때문이다. 내가 보기에 〈머리, 심장〉의 단어와 시행은 어떤 면에서는 다소 일부러 어색하게 선택되어 있기도 하다. 나는 홉킨스의 시행들에서처럼 유창하면서도 어색한, 혹은 어색하면서도 유창한 글쓰기에 흥미를 느낀다. 작가의 마음이 흔들려서 더 우아하게 말할 수 없었다는 걸 암시하는 어색함. 하지만 나는 〈머리, 심장〉을 쓰기 전에—혹은 다 쓴 뒤에도—이 모든 것을 떠올리거나 계획하지는 않았다. 일부러 넣은 어색함은 자연스럽게 충동적으로 나온 것이었다.
 그 시의 초기 버전을 여기 옮겨본다.

머리, 심장

심장이 동요한다.

머리는 심장이 이 일을 '처리하게' 도우려 애쓰고 있다.

머리는 심장에게 다시금 말한다, 이게 어찌된 일인지.

여기 삶이 있고, 여기는 죽음이 있고, 넌 네가 사랑하는 사람들을 잃게 될 거야. 그들 모두 사라질 거야. 우리 모두 사라질 거야. 언젠가는 지구마저 사라질 거야.

그러자 심장은 기분이 나아진다.

이제 심장은 다시 기분이 나빠진다. 머리의 말은 심장의 귓속에 오래 남지 않는다.

심장은 이 일이 너무 낯설다.

그들을 돌려받고 싶어, 심장이 말한다.

도와줘, 머리야. 심장을 도와줘. 심장에겐 너밖에 없어.

그리고 비교를 위해 이 시의 최종 버전도 옮겨본다.

머리, 심장

심장이 운다.

머리는 심장을 도우려 애쓴다.

머리는 심장에게 다시금 말한다, 이게 어찌된 일인지.

넌 네가 사랑하는 사람들을 잃게 될 거야. 그들 모두 사라질 거야. 하지만 언젠가는 지구마저 사라질 거야.

근원, 고쳐 쓰기, 순서 그리고 결말

그러자 심장은 기분이 나아진다.
하지만 머리의 말은 심장의 귓속에 오래 남지 않는다.
심장은 이 일이 너무 낯설다.
그들을 돌려받고 싶어, 심장이 말한다.
심장에겐 머리밖에 없다.
도와줘, 머리야. 심장을 도와줘.

고쳐 쓴 버전은 전체적으로 잘려나가서, 원래 쓴 것의 5분의 1 이상이 사라졌다. 그리고 나는 한 시행 안에서 더 강렬한 문장들이 마지막에 오도록 마지막 문장들의 순서를 뒤바꿨다. "도와줘, 머리야. 심장을 도와줘. 심장에겐 너밖에 없어" 대신에 마지막 시행들은 이제 다음과 같이 바뀌었다. "심장에겐 머리밖에 없다. / 도와줘, 머리야. 심장을 도와줘." 이 버전은 또한 두 개의 명령문으로 끝나고 있기도 하다.

맨 마지막 문장들에 공을 들여라. 그 문장들은 때로는 한 편의 단편소설이나 시의 완결감에 있어 엄청난 차이를 만들기도 하니까.

(2013)

한 문장 고쳐 쓰기

오늘 아침 나는 행복한 기분을 느끼며 집 안 여기저기를 걸어 다니다가 스스로의 행동에 매혹된다. 사실 내가 매혹을 느낀 건 우연히 하게 된 몸짓 하나지만, 그 몸짓 하나가 내게 영감을 불어넣어 방금 전까지 하고 있던 행동을 묘사하는 문장을 쓰게 만든다. 글쓰기에 있어 이런 접근법은 대개 효과적인데, 하나의 매혹적인 요소는 그보다는 더 평범하고 단독으로는 눈에 띄지 않을 일련의 요소들이 찍는 정점일 수도 있기 때문이다.

그래서 나는 내 '공식' 작업—타이핑되고 거의 완성된 단편소설로 서너 군데만 고치면 된다—옆에 펼쳐진 채 놓여 있는 노트를 향해 간다. 노트는 언제나 '공식' 작업 옆에 놓여 있는데, 내가 다른 어떤 작업인가를 하고 있어야 할 때 노트에 글을 가장 많이 쓰기 때문이다. 자, 오늘 나는 내가 방금 전까지 하고 있던 행동에 대해 한 문장을 적어 넣는다. 3인칭으로 쓴다. 나는 나 자신에 대해 때로는 3인칭으로, 때로는 1인칭으로 쓴다. 지금 생각해보니 그건 이렇게 결정되는 것 같다. 만약 무언가를 하고 있는 것이 나인 게 중요하고 내가 정말로 주제라면 1인칭으로 쓴다. 그 일을 누가 하는지는 중요하지 않고 그저 어떤 사람이 그 일을 하는 데 관심이 있는 거라면 3인칭으로 쓴다. 다시 말해, 나는 나 자신을 소재의 한 가지 원천으로 이용하고 있고, 3인칭으로 쓰는 것이 더 편한데, 그럴 때는 내가(글을 쓰고 있는 내가)

그 행동으로부터 만들어져 나올 수 있는 인물에게 방해가 되지 않기 때문이다. (그동안 내가 단편소설을 쓸 때면 '나'는 때때로 '그'가 되곤 했는데, 이 '그'라는 인물은 살짝 과체중에 여성적인 면이 많은 남자로 다정하고 중성적인 사람이다. 최근에 와서는 '나'는 대개 '그녀'가 된다.)

나는 그 문장을 적어 넣은 다음 곧바로 고쳐 쓴다. 고쳐 쓴 문장은 다음과 같다. "그녀는 집 안 여기저기를 걸어 다니면서 발바닥 앞쪽으로 균형을 잡고, 가끔은 휘파람을 불고 노래를 하고, 가끔은 혼잣말을 하고, 또 가끔은 펜싱 자세로 딱 멈춰 선다." 오늘은 이 문장을 곧바로 고쳐 썼는데, 나는 때로는 그렇게 하고 때로는 그렇게 하지 않는다. 아마 그건 내가 적어 넣는 내용에 얼마나 관심이 있는지에 달려 있을 테고, 글이 간단하거나 짧아서 처음부터 정확히 원하는 대로 나오면 고쳐 쓰지 않는 것 같기도 하다. 오늘은 글이 별로 원하는 대로 나오지 않았고, 내가 내용에 관심이 있기도 한 모양이다. 이렇게 고쳐 쓰고 있으니 말이다. 나는 글이 정확히 원하는 대로 나오기를 바란다. 내가 관찰한 것이 중요하든 중요하지 않든, 그 글을 한 번이라도 '사용'하게 될 것 같든 아니든, 정확히 원하는 형태가 될 때까지 작업을 하는 편이다. 사실 노트에 적어둔 글을 단편소설 속에 자주 사용하지는 않는다. 그 글이 저절로 단편소설로 발전하는 경우가 아니라면 말이다.

한 문장 고쳐 쓰기

노트에 쓴 이 글들을 대개는 사용하지 않는 건, 나는 단편소설을 끊지 않고 한 '호흡'으로 쓰는 편이고, 조각 맞추기를 하듯 쓰기 시작하면 대체로 잘 안 되기 때문이다. 그렇다면 나는 노트에 쓴 글들을 어떤 이유로 고쳐 쓰는 걸까? 나도 잘 모르겠지만 추측해보겠다. 우선 한 가지 이유가 있다면, 나는 어떤 문장에 잘못된 부분이 있는 걸 보면 그냥 두기가 어려운 사람이다. 장을 볼 식료품 목록을 적고 있을 때조차 잘못된 철자를 고치지 않기가 어렵다. 또 다른 이유가 있다면, 나는 글을 쓸 때 본능을 따라가는 편이고, 내 충동을 의심하지 않는다. 그래서 글을 고쳐 쓰고 싶으면, 이걸 고쳐 써봤자 쓸 데도 없다고 되뇌지는 않는다. 그냥 본능을 따라간다. 내가 어떤 일을 한다면 거기에는 무언가 이유가 있을 것이고, 그 이유는 그 순간에는 나도 알 수 없지만 시간이 지나면 분명해질 것이다. 이렇게 노트에 따로따로 적어놓은 글 중에서 한 편이나 그 이상을 규모가 더 큰 작품에 집어넣는 날이 올 수도 있다. 노트 속에서 몇 년을 거슬러 올라가 글 한 편을 읽고는, 그 글이 어떻게 해서 규모가 더 큰 무언가가 될 수 있었는지 알게 될 수도 있다. 그리고 만약 그 글이 형편없이 쓰여 있거나 고쳐 쓰기가 안 된 상태로 남아 있다면, 그 글이 무엇이 될 글인지 알아내기는 더 어려워질 것이다.

노트의 글들을 고쳐 쓰는 데서 얻어지는 지속적인 연습 효과도 있다. 그리고 어쩌면 노트에 쓴 어떤 글이 최종 버전이 될 때까지 해온 작업이 내가 깨닫지도 못하는 사이에 영감을 불어넣어 새로운 단편소설의 또 다른 문장을 쓰게 해 줄지도 모른다. 혹은, 어쩌면 노트는 글쓰기뿐 아니라 생각 또한 연습하는 장소일지도 모른다. 결국 한 문장을 고쳐 쓸 때면 우리는 그 문장의 단어들뿐 아니라 그 문장 속의 생각 또한 고쳐 쓰고 있는 것이다. 그리고 좀 더 일반적으로 말하자면, 나는 어떤 묘사를 정확히 원하는 대로 해내는 일을 통해 언어를 다루는 능력뿐 아니라 예리한 관찰력 또한 갈고 닦고 있다. 노트에 적힌 한 문장, 사용할 일이 전혀 없을지도 모르는 한 문장을 공들여 작업하는 일을 합리화할 방법은 이렇게나 많다. 하지만 무엇보다, 앞서 말했듯 나는 글을 쓸 때 내가 하고 있는 일이 이치에 맞는지, 효율적인지, 도덕적인지, 기타 등등을 묻지 않고 그저 본능을 따라간다. 내가 그 일을 하는 것은 그것을 좋아하거나 하고 싶어서인데, 아무튼 글쓰기에 있어 모든 것이 시작되어야 하는 지점이 있다면 바로 여기다. (도덕성 문제에 관해서라면, 나는 무언가를 **출판**하는 일이 도덕적으로 옳지 않게 느껴진다면 그것을 출판하지 않을 것이다. 하지만 글쓰기라는 탐구의 행위는 출판이 갖는 최종적인 성격과는, 그리고 공공성과는 매우 다르다. 글쓰기는 공개되기 전까지는 여전히 개인적인 행위로 남아 있다.)

그 노트는 내가 단편소설을 쓰는 공간이기도 하다. 내가 쓰는 모든 단편소설은 그 노트에서 시작되고, 사실 대개는 전체가 그 노트에 쓰인다. 내가 깨닫는 데 조금 시간이 걸렸지만 여기에는 그럴싸한 이유가 있는데, 그 노트 안에서는 어떤 것도 변함없거나 훌륭할 필요가 없기 때문이다. 노트 속에서 나는 완전히 자유롭고, 그래서 두렵지 않다. 구석에 몰려 있는 기분이 되면 글을 잘 쓸 수 없을뿐더러 사실 어떤 것도 잘할 수가 없다. 내가 두렵지 않은 건, 내가 노트에 쓰는 글이 꼭 단편소설이 되어야 할 필요는 없지만, 단편소설이 될 운명인 글은 그렇게 될 것이기 때문이다. 어떤 의미에서는, 나는 단편소설을 쓰는 일에 더 이상 의도적으로 '착수'하지 않는다. 전에는 그렇게 했고, 타자기에 깨끗한 타자용지 여러 장을 끼워 넣고 소설을 쓰기 시작하곤 했다. (그때는 내가 처음이자 마지막으로 글쓰기 강의를 듣던 시기였는데, 그레이스 페일리의 강의였다. 그때의 나는 그런 식으로 글을 쓰는 게 더 전문적이라고 생각했던 것 같다.) 이제는 이야기들이 자신들을 써달라고 재촉한다. 이렇게 되기까지는 오랜 시간이 걸렸고, 어떻게 이런 일이 일어나게 되었는지도 잘 모르겠다. 나 자신을 채찍질하는 방법을 쓰기는 했다. 이야기가 떠오르지 않으면 자리에 앉아 떠오를 때까지 계속 생각했고, 얼마나 불편하고 강요받는 기분이 들든

간에, 그리고 그 이야기가 내게 전적으로 만족스럽지는 않을지라도, 그것을 썼다.

나는 처음에는 긴 이야기들을 썼는데, 이야기는 길어야 한다는 생각 때문이었다. 인물들은 내가 그렇게 잘 알지는 못하는 사람들을 모델로 했고, 때로는 인간의 본성에 대해 넘겨짚은 것이 맞아떨어지기도 했다. 그래도 배경은 때때로 훌륭했는데, 내가 배경에 대해서는 잘 알고 있었기 때문이다. 그러다가 꼭 긴 이야기를 쓸 필요는 없다는 걸 깨달았다. 사실 나는 원하는 어떤 방식으로든 쓸 수 있었고, 한동안은 한 단락 길이의 이야기를 매일 두 편씩 쓰는 것으로 정체기에서 벗어났다. 그런 이야기 대부분은 대단치 않은 것이었지만, 몇 편은 괜찮았고, 그걸로 충분했다. 그 뒤로 한동안은 오직 짧고 단정한 문장들로 된 아주 짧은 이야기들만 썼다. 지금은 또 달라져서, 이를테면 내가 새로 쓸 이 긴 작품은 아마도 한 문장의 길이가 한 페이지씩이나 되는 문장들로 쓰일 것이고, 대체로 여담으로 채워질 것이다.* 그러니…

---

* 지금은 "내가 새로 쓸 이 긴 작품"이 무엇이었는지 기억나지 않는다.—저자

결국 나는 아이디어를 찾아 헤맬 필요가 없게 됐다. 이야기가 자신을 쓰라고 내게 명령하거나 내 안에서 솟아나곤 했기 때문이다. 이제 나는 내가 그 이야기를 써야만 한다고, 그래서 거기서 벗어나야 한다고 느낀다. 나보코프는 자신은 다만 한 편의 장편소설에서 벗어나기 위해 그것을 쓰기 시작한다고 했다. 어쩌면 그 노트 역시 내게는 모든 것에서 벗어날 수 있는 공간이고, 나는 거기에 이야기를 정확히 적어 넣을수록 그 이야기에서 완벽하게 벗어날 수 있는 건지도 모르겠다. 어떤 문장들은 곧바로 단편소설이 되고 싶어 한다. 곧바로 한 편의 단편소설로 자라난 가장 최근의 문장은—당시에는 아직 다듬어지지 않은 형태였다—"어머니가 내 여동생을 비난하는 걸 멈추게 하려면 영국 여왕이라도 데려와야 했다"였다. 이 문장은 우연하게도 사실과 일치한다.

노트에 적어둔 글은 어떤 경우에는 단편소설이 된다. 다른 경우에는 그것은 한 문장이나 몇몇 문장들에 지나지 않아서 절대로, 아니면 적어도 가까운 미래에는 그 이상의 무언가가 될 일이 없을 것이다. 그리고 어떤 경우에는 내가 적어둔 글도 단편소설이 될 것처럼 보이고, 나 또한 가끔씩 다시 살펴보지만 글이 자라나지 않는 경우도 있다. 매혹적이기는 하지만 한 편의 소설로 발전하기에는 그저 너무 내용이 없을 수도 (혹은 너무 터무니없을 수도) 있다. 그도 아니면 내 머릿속에 아이디어가 아직 제대로 떠오르지 않았는데 내가 잘못된 방향으로 이야기를 발전시키려고 애쓰고 있는 것일 수도 있다.

  두려움 없이 글을 쓰는 일에 관해 말하자면, 나는 두려움을 없애주는 두 가지 습관을 상당히 부지불식간에 발전시켜온 것 같다. 그 하나는 단편소설을 쓰기 시작할 때는 항상 노트에 쓰는 습관인데, 노트는 단편소설을 만들어내야 한다는 압박감이 전혀 없는 공간이다. 다른 하나는 오늘 한 것 같은 작업을 내가 상당히 자주 한다는 것이다. 다시 말해, 나는 거의 완성되었지만 완성하려고 애쓰고 있지는 않은 단편소설을 타자한 종이들을 앞에 두고 앉아, 그 작업을 하는 대신 노트에 또 다른 단편소설을 쓰기 시작하고, 더 이상 생각이 떠오르지 않을 때까지 계속 쓴다. 그 일—단편소설 시작하기—은 계획 없이 하는 편이 더 쉽다. 내 무의식은, 혹은 뇌의 어떤 부분이든 그 부분은 새로운 무언가를 쓸 때 가장 열심히 작동한다. 그리고 뇌의 그 부분은 아주 느긋하고 편안한 상태이기도 한데, 새로 쓰기 시작한 단편소설에 당장은 더 덧붙일 것이 없어지면 돌아가서 하면 되는 명백한 작업이 있기 때문이다.

한 문장 고쳐 쓰기

그러는 동안 타이핑한 단편소설은 그냥 거기 놓여 있다. 똑같은 일이 다음날에도 일어나기도 한다. 때로는 한 번에 네댓 편 혹은 그 이상의 단편소설이 진행되기도 한다. 쓸 것이 아무것도 없는 백지 상태에 비하면, 쓸 것이 너무 많다는 건 괜찮은 기분이다. 어떤 단편소설들은 이 모든 움직임이 일어나는 와중에 완성과는 거리가 먼 상태로 옆으로 밀려나고, 한동안—심지어는 몇 달씩이나—잊히기도 한다. 하지만 나는 조만간 그 소설들로 돌아가 그것들을 완성할 것이고, 이렇게 시간이 지나가게 둔다고 해서 그 소설들에 해가 되지는 않을 것이다. 내 눈에 그것들이 더 분명하게 들어오게 되기 때문이다.

내가 지금 말하고 있는 그날, 내가 세워두었던 계획은 단편소설집에 들어갈 마지막 단편을 완성하는 것이었다. 그날 나는 한동안 그 작업을 하기는 했다. 하지만 그러다가 집 안 여기저기를 걸어다니고 있는 스스로의 행동을 알아차렸고, 그런 다음 내가 하고 있던 행동을 기록했고, 그런 다음 잠시 멈추고는 글쓰기와 고쳐 쓰기 과정이 내게 어떻게 일어나는지 생각했고, 그런 다음 그것을 설명하는 이 글을 써 내려가기로 마음먹었다.

물론 노트에 관해서는 할 이야기가 훨씬 더 많다. 많은 작가들이 노트를 가지고 있었다. 카프카는 단편소설의 아이디어와 도입부와 완성본, 카페에서 친구들과 함께 보낸 저녁에 대한 기록, 자신의 가족과 집주인 여자와 이웃들에 대한 불만, 기타 등등으로 가득한 노트를 가지고 있었다. 현실에서 벽 너머로 들려오는 이웃들의 소음에 대한 그의 불만은 벽 반대편에 있는 가공의 인물들에 대한 환상을 담은 글이 되었다. 작가의 노트는 한 편의 기록이, 혹은 정신세계의 객관화가 된다. 화가 중에도 들라크루아처럼 멋진 노트 여러 권을 가지고 있는 사람들이 있었다. 그리고 18세기 프랑스 작가인 조제프 주베르처럼 자신의 노트들 말고는 어떤 것도 출판하지 않은 작가들도 있었다.

다음은 내가 앞에 소개한 문장을 고쳐 쓴 방식이다.

한 문장을 고쳐 쓰는 방법

최종 버전:
그녀는 집 안 여기저기를 걸어 다니면서 발바닥 앞쪽으로 균형을 잡고, 가끔은 휘파람을 불고 노래를 하고, 가끔은 혼잣말을 하고, 또 가끔은 펜싱 자세로 딱 멈춰 선다.

이 문장은 처음의 문장들과 구절들로부터 다음과 같은 방식으로 발전해 마지막 문장이 되었다.

그녀는 발바닥 앞쪽으로 서서 가볍게 집 안 여기저기를 걸어 다닐 것 같다…

그녀는…
…집 안 여기저기를 걸어 다니면서 천천히… (행복감이 드러나지 않는다)
…집 안 여기저기를 걸어 다니면서 천천히 그러나 우아하게… (설명이 과하다)
…집 안 여기저기를 걸어 다니면서 천천히, 조심스럽게… (충분히 강렬하지 않다)
…집 안 여기저기를 걸어 다니면서 천천히, 조심스럽게, 발바닥 앞쪽으로 균형을 잡고… (너무 장황하다)
…집 안 여기저기를 걸어 다니면서 천천히, 발바닥 앞쪽으로 균형을 잡고… (좋아, 마음에 든다. 그런 다음 나중에, 나는 이 문장이 너무 과하다고 생각하고 '천천히'를 들어낸다. 이제 문장의 앞부분은 완성되었다)

가끔은 휘파람을 불고, 가끔은 노래를 하고, 가끔은 혼잣말을 하고, 가끔은… (아냐. '가끔은'이 너무 많아)
가끔은 휘파람을 불고 노래를 하고, (아냐. 두 가지를 동시에

할 수는 없어)

가끔은 휘파람을 불거나 노래를 하고 (아냐. 너무 작위적으로 들려)

가끔은 휘파람을 불고 노래를 하고 (결국 이게 괜찮네. 두 가지를 차례대로 할 수도 있겠지)

또 가끔은 딱 멈춰 서고 펜싱 자세를 취한다. (아냐. '-고'가 너무 많아. 하지만 나는 '펜싱 자세'로 이 문장을 끝내야 한다는 걸 안다. 그것은 정점을 찍는 매혹적인 이미지이고, 애초에 내가 이 문장을 쓰게 만든 이미지다. 강렬한 구절이고, '자세'라는 단어가 강렬한 단어이기도 하다)

또 가끔은 펜싱 자세로 딱 멈춰 선다. (잘라내니 '-고' 문제가 해결되었다)

(1982, 2002, 2004)

발견한 재료, 문장 구조,
간결함 그리고
어색한 산문의 아름다움

이 글에서는 앞서 했던 논의에서 나온 몇 가지 주제를 계속 이야기해보려 한다. 거기에는 내 몇몇 단편소설의 근원, 발견한 재료를 사용하거나 전유하는 일, 복잡하고 단순한 문장 구조, 글에서의 간결함, 그리고 어색한 산문의 아름다움 같은 것들이 포함될 것이다. 우선 내가 쓴, 메일에서 발견한 재료를 이용한 또 한 편의 시─실제로 줄바꿈이 들어간 시로 의도하고 쓴, 혹은 정리한 글이다─를 이야기하면서 시작해보려 한다. 이번에 재료가 된 것은 모르는 사람에게서 온, 다시 말해 개인적으로 나만을 위해 쓰인 것은 아닌 한 통의 메일이다.

1. 메일에서 영감을 받은 또 한 편: 〈안녕 자기〉

안녕 자기
안녕 자기,
우리가 당신과 어떻게 연락을 주고받았는지
기억해요?

오래전에 당신은 알지 못했지만,
나는 마리나예요, 러시아와 함께 있던.
나를 기억해요?

나는 두 눈에 눈물을 가득 담고
마음속에는 커다란 슬픔을 품고
당신에게 이 메일을 쓰고 있어요.
내 웹페이지에 와줘요.

당신이 부디 나를 생각해주길
너무나 많은 가득한 진심을 담아 바라요.
부디, 우리 얘기 나눠요.

기다리고 있을게요!

 나는 위와 같은 어색한 표현과 그—일부는 의도되었고 일부는 우연히 발생한—서정성, 그리고 의도하지 않은 비애감 때문에 이 재료에 끌렸다. 내가 어떻게 고친 건지 보려고 원본 메일을 찾아보았지만 찾지 못했다. (나는 사기 메일을 보관하는 일에 다소 비이성적일 정도로 두려움을 품고 있는데, 바이러스에 감염될 것 같아서다.) 하지만 구절들의 위치를 바꾸고 줄바꿈을 한 건 기억나고, 의심의 여지 없이 잘라내기도 했다.
 나는 전문가가 아닌 사람이 어색하게 쓴 글과 부정확하게 사용한 언어를 매우 좋아하는데, 그것은 부분적으로는 "너무나 많은 가득한 진심을 담아"처럼 영어를 쓰는 훈련된 작

발견한 재료, 문장 구조, 간결함 그리고 어색한 산문의 아름다움

가의 머리에서는 아예 나오지 않을, 혹은 쓰려고 시도한다 해도 이만큼 좋게 나오지는 않을 뜻밖의 조합들 때문이다.

2. 발견한 재료의 수정: 꿈 이야기

나는 발견한 재료를 사용하면서 또 다른 진기한 경험을 했고, 그 경험은 내가 꿈 이야기라고 부르는 이야기들이 여러 편 쌓이는 결과를 가져왔다. 최근에 세어보니, 그런 꿈 이야기들은 전부 합쳐 스물여덟 편쯤 되었다. 이 경우, 원재료는 대부분 나와 내 친구들이 꾼 꿈, 그리고 우리가 깨어 있을 때 했지만 꿈을 닮은 몇몇 경험이었다.

꿈은 이상한 현상이다. 당신은 아침에 꾼 꿈을 누군가에게 이야기하려고 애쓰지만, 듣는 사람은 대체로 상당히 지루해한다. 그것은 꿈이라는 당신의 경험과 그것에 관한 이야기를 듣는 그 사람의 경험이 극단적으로 다르기 때문이다. 당신에게 그 경험은 눈앞에서 일어나고 있는 것처럼 진짜였고, 당신은 깨어 있는 경험 속으로 당신이 불러온 그 꿈의 경험에 종종 너무도 깊은 감정으로 반응했다. 당신은 현실에서는 돌아가셨지만 꿈속에서 다시 살아난 어머니와 함께 앉아 있었다. 혹은 당신을 사랑하는 어떤 귀여운 남자와 사랑에 빠져 있었다. 혹은 절벽 꼭대기에 정말로 내려갈 방법이라고는 하나도 없이 놓이는 바람에 겁에 질려 있었다. 기타 등등. 하지만 당신의 이야기를 듣는 사람에게 이런 경험들은 모두 흐릿하고 재미도 없게 느껴졌는데, 그저 그것들이 현실이 아니기 때문이었다.

최근 나는 우리가 꿈을 꿀 때 뇌의 한 부분이 실제로 '꺼진다'는 사실을 알게 되었다. 이름이 무엇인지는 기억나지 않지만 이 부분은 우리에게 우리가 경험하고 있는 것이 사실일 리 없다고 말해주는 부분이다. 꿈을 꾸면 우리 뇌의 이 부분이 실제로 작동을 멈추는데, 당신이 돌아가신 어머니와 이야기를 나누고 있다거나, 실제로는 스물네 살 된 당신의 아들이 열한 살로 돌아가 있는데 벌써 담배를 피우고 있다거나, 다소 우둔한 체육 교사가 자기 농구팀 선수들에게 공을 던지거나 받을 때는 다치지 않도록 눈을 감으라고 지시했다고 믿게 되는 것은 그래서다.

꿈은 미래를 예언하는 데, 심리치료에서 심리적 트라우마를 드러내는 데 이용되어왔고, 콜리지가 쿠블라 칸의 꿈을 꿨을 때처럼* 예술 작품의 창작에 출발점이 되기도 했다. 나는 전에는 내가 꾸는 꿈들을 글의 소재가 될 수 있는 것으로 특별히 흥미롭게 여기지는 않았고, 그저 가끔씩 찾아오는 환상적인 즐거움이라고만 생각했다.

---

* 영국 시인이자 평론가인 새뮤얼 테일러 콜리지는 〈쿠블라 칸〉이라는 시를 아편에 취한 환각 상태에서 적었다고 알려졌다. 잠에서 깨었을 때 꿈이 마치 현실인 것처럼 선명하게 기억나 그걸 시로 썼다는 것이다.

발견한 재료, 문장 구조, 간결함 그리고 어색한 산문의 아름다움

내 꿈 이야기들은 적어도 두 가지의 결합에서 시작되었다. 내가 그 얼마 전에 읽었던 한 권의 책, 그리고 운전하러 나갔다가 했던 경험이었다. (내게 있어 하나의 형식이나 한 편의 글에 영감을 불어넣는 것은 종종, 어쩌면 항상, 적어도 두 가지의 결합이다. 그 한 예로 내 단편소설 〈배심원 의무〉는 배심원 의무에 대한 나의 실제 경험과 데이비드 포스터 월리스의 《무시무시한 남자들과의 짧은 인터뷰》의 형식에 대한 나의 관심으로부터 태어났다.)

얼마 전 나는 프랑스의 초현실주의자이자 민족지 연구자인 미셸 레리스의 책 한 권을 읽었다. 영어판 제목으로는 《밤으로서의 낮, 낮으로서의 밤》인데, 레리스가 40년 넘게 기록해온 꿈들 가운데 비교적 재미있는 것들을 모아놓은 책이었다. 초현실주의자들은 당연하게도 꿈의 잠재력에 매우 관심이 많았는데, 부조리를 이용해 현실과 현실의 관습을 붕괴시키는 것이 그들의 목표여서 그렇다.

미셸 레리스의 책은 자신의 재미있는 꿈 전부를 모아놓기도 했지만 그것들을 꿈을 닮은 깨어 있을 때의 경험들과 뒤섞어놓았다는 점에서 특히 흥미로웠다. 그는 우리가 잠들어 있을 때 일어나는 극적인 사건들의 부조리함과 매일의 깨어 있는 삶 속에서 일어나는 사건들의 기묘함 사이의 경계가 얼마나 희미한지 보여주고 있는 듯했다. 현실에서 일어나기는 하지만 누가 봐도 이상한 사건들이 있다. 그리고 이상한 요소가 담겨 있는 또 다른 사건들도 있는데, 이런 이상한 요소는 경험에서 좀 더 친숙한 면들을 빼버리는 방식으로 한 편의 글로 따로 분리할 수 있다. 다시 말해, 깨어 있을 때 했던 이상한 경험들은 오직 이상한 요소들만 살리는 방식으로, 이야기하는 과정에서 그것들을 '정상적인 것'이 되게 했을 요소들은 빼버리는 방식으로 꿈과 비슷한 느낌이 나게 기록할 수 있다.

레리스의 꿈 이야기 가운데 가장 짧은 세 편을 인용할 텐데, 세 편 모두 조금씩 다른 방식으로 작동하는 이야기다. 첫 번째 이야기는 거의 하나의 이미지에 지나지 않는다.

1923년 11월 20일-21일
생각이 이끄는 대로 들판을 질주함. 태양은 지평선에 낮게 걸려 있고, 내 두 발은 경작된 땅의 고랑 속에. 자전거를 타고 너무도 우아하고 가볍게, 속도를 내며 휙휙 달려가다.

두 번째 이야기는 더 길고 좀 더 전형적인 방식으로 꿈 같은데, 이것 또한 꿈의 기록처럼 읽히지만 이제는 아주 짧은 소설 같기도 하다.

1923년 4월 12-13일
어느 날 저녁 내 방에 들어가자마자 침대 위에 앉아 있는 나 자신이 보인다. 주먹을 한 번 휘두르자 내 모습을 도둑질한 유령은 사라진다. 이때 어머니가 문가에 나타나는데, 그러는 동안 어머니와 똑같이 생긴 여자, 원본의 완벽한 복제품이 맞은편 문으로 들어온다. 내가 아주 요란하게 소리를 지르자 뜻밖에도 형이 나타나는데, 형 역시 그와 똑같이 생긴 남자와 함께이고, 그 남자는 어머니가 겁을 먹겠다면서 내게 조용히 하라고 명령한다.

그리고 마지막으로, 레리스가 그로부터 거의 40년 뒤에 꾸었던 꿈 이야기이자 내게는 완성된 짧은 소설처럼 읽히는 이야기 하나를 소개한다.

1960년 11월 6-7일
"자선아! 자선아!" 나는 잘 모르는 동네의 거리를 헤매고 다니며 이렇게 신학적인 덕목을 이름으로 가진 작은 개 한 마리를 잡으려고 애쓰고 있다. 어느 빵집 주인이 내게 준 개였다. 나는 부주의하게도 녀석을 목줄 없이 산책시켰고, 녀석은 달아났다. 방금 전에 달려 지나간 개의 이름을 부르는 내 목소리를 들은 정육점 주인(혹은 다른 상점 주인)이 벌써 큰 소리로 웃음을 터뜨린 뒤였다. 머리끝까지 화가 난 놈팽이마냥 있는 힘을 다해 소리를 지르고 있었으니, 나는 바보 아니면 경찰이 얼른 와서 잡아가야 할 도망친 광인처럼 보이기가 너무도 쉬웠다. 알 게 뭐람. 나는 계속 최대한 크게 소리를 질렀는데, 작은 개를 잃어버린 일에 너무도 속이 상해서이기도 했지만 "자선아! 자선아!" 하고 부르는 나 자신의 목소리에 취해 있어서이기도 했다.

전에 나는 짧은 글에서의 놀라움, 그리고 좀 더 넓은 의미에서의 놀라움에 대해 이야기했고, 작가는 어떤 방식으로든 독자를 계속 놀라게 만들어야 하며 예측 가능해져서는 안 된다는 이야기도 했다. 레리스가 꾼 이 짧은 꿈에서 처음에 나오는 개의 이름은 "자선아!" 하고 부르며 거리를 헤매고 다니는 이 남자의 이미지만큼이나 놀라움으로 다가온다. 신선한 정보가 끊임없이 글에 더해지는 것이다. 그리고 좀 더 친숙한 정보—남자가 개를 잃어버린 일을 후회한다는 것—를 반복한 다음, 이야기는 또 하나의 신선한 정보와 함께 끝나는데, 그것은 그가 자신의 목소리를 듣고 취해 있다는 것이다.

정신이 나간 듯 거리를 헤매고 다니는 이 화자의 이미지는 오랫동안 내 머릿속에 남아 있던 또 하나의 이미지를 떠오르게 한다. 프랑스의 마르크스주의 철학자 루이 알튀세르는 정신적으로 불안정한 시기를 여러 번 겪었는데, 인생 말년의 그런 시기 중 어느 날 자기 아내를 살해했다.(1980년의 일이었다.) 정신병원에서 풀려난 그는 파리 시내를 헤매

발견한 재료, 문장 구조, 간결함 그리고 어색한 산문의 아름다움

고 다니며 외치곤 했다. "나는 위대한 알튀세르다!" 여기서 내게 흥미로운 점은 알튀세르가 위대하지는 않을지 몰라도 적어도 정말로 중요한 사람이기는 했다는 것이다. 거리를 헤매고 다니며 망상이 아닌 무언가를 외치고 있는 사람도 약간 정신 나간 사람처럼 묘사될 수 있는 것이다.

 레리스와 그의 꿈 이야기로 돌아오자면, 처음에 내게 흥미로웠던 것은 사실 그가 꿈 이야기를 하는 방식은 아니었다. 실제 꿈의 서사로부터, 때로는 비논리적이고 제멋대로 뻗어나가는 그 서사로부터 취사선택을 함으로써 거기에 짧은 소설의 형태를 부여한다는 아이디어는 마음에 들었지만 말이다. 내게 더 흥미로웠던 것은 그가 깨어 있을 때의 경험을 마치 꿈이었던 것처럼 이야기하는 방식이었다. 그리고 그다음에는, 나는 실제 꿈들과 깨어 있을 때의 경험들을 한 카테고리 속에서 뒤섞고 결합해서 깨어 있을 때와 잠들어 있을 때의 경계를 흐리는 일에 관심이 생겼다.
 앞에서 말했듯, 나는 나 자신의 꿈과 깨어 있을 때의 경험뿐 아니라 내 친구들의 그것들 또한 사용했다.
 이 이야기들을 쓴 과정에 대해 말해보자면, 나는 꿈 이야기를 꿈 이야기처럼 들리게 만드는 것이 무엇인지를 알아내야 했고, 그런 다음 내 글이 그런 요건을 충족할 수 있게 만들어야 했다. 그런 요건 중 한 가지를 말해보자면, 재료에는 많든 적든 비논리적이거나 초현실적인 어떤 요소가 포함되어 있어야 했다. 또 한 가지 말해보자면 그런 이야기는 꿈 이야기 스타일로 서술되어야 했는데, 그건 다음과 같은 뜻이었다. (우리가 꿈을 기억하거나 재현하려고 더듬더듬 말할 때의 스타일을 모방해서) 짧은 문장으로 쓰여야 하고, 불확실한 요소는 약간 넣어도 되고 안 넣어도 되고, 사람들이나 장소의 정체성에 관한 수수께끼를 약간 넣을 수도 있겠고, 때때로 혹은 언제나 강렬하고 매혹적인 형상화를 포함해야 했다. 또한 하나의 완전한 꿈을 꾼 경험처럼 들릴 만큼은 길어야 했다.

다음에 소개하는 두 편은 실제로 꾼 꿈 이야기이다. 첫 번째 꿈을 꿀 때 내가 반쯤 깨어 있기는 했지만 말이다.

한밤중에 깨어나

이 호텔 방에서, 그리고 이 낯선 도시에서 나는 잠을 잘 수가 없다. 시간은 아주 늦어서 새벽 두 시였다가, 세 시였다가, 네 시가 된다. 나는 어둠 속에 누워 있다. 뭐가 문제일까? 아, 어쩌면 내 곁에서 자던 그가 그리운 건지도 모르겠다. 그때 어딘가 가까운 곳에서 문 하나가 닫히는 소리가 들린다. 또 한 명의 손님이 아주 늦게 들어온 것이다. 이제 내겐 해결책이 생겼다. 저 사람의 방으로 가서 침대의 그 사람 곁에 들어가는 것이다. 그러면 잠을 잘 수 있을 것이다.

만찬
우리의 친구들이 저녁을 먹으러 우리 집에 도착하지만 나는 여전히 침대에 누워 있다. 내 침대는 주방에 놓여 있다. 나는 일어나 친구들에게 뭘 만들어줄 수 있을지 본다. 냉장고 속에 포장된 햄버거 고기가 서너 개쯤 눈에 띄는데, 어떤 것은 일부를 사용했고 어떤 것은 포장도 뜯지 않은 것이다. 햄버거 고기를 전부 한데 모으면 미트로프를 만들 수 있을 것 같다. 그걸 만들려면 한 시간은 걸릴 테지만, 다른 생각은 아무것도 떠오르지 않는다. 나는 그것에 대해 생각해보려고 침대로 돌아가 한동안 누워 있다.

그리고 다음의 마지막 이야기는 꿈처럼 들리게 쓴 현실의 경험이다.

기차역에서
기차역은 아주 혼잡하다. 사람들이 한꺼번에 사방으로 걸어가고 있지만 어떤 사람들은 가만히 서 있다. 삭발을 하고 기다란 와인색 승복을 걸친 티베트 불교 승려 한 명이 걱정 가득한 표정으로 군중 사이에 서 있다. 나는 가만히 서서 그를 지켜보고 있다. 방금 열차 한 대를 놓친 까닭에 다음 열차가 떠날 때까지는 시간이 많다. 승려가 자신을 지켜보는 나를 본다. 그는 내게 다가오더니 3번 선로를 찾고 있다고 말한다. 나는 선로의 위치를 안다. 그래서 그에게 길을 가르쳐준다.

3. 대폭 짧아진 꿈 이야기

꿈 이야기로 의도하고 쓴 몇 편의 이야기는 최종 버전에서는 너무 짧아서 꿈 이야기처럼 느껴지지 않았다. 마음에 들기는 했지만, 나는 더 이상 그것들을 꿈 이야기라고 여기지 않았다. 그런 이야기 중 한 편이 다음에 소개하는 〈못해 그리고 안 할 거야Can't and Won't〉이다.

못해 그리고 안 할 거야

최근 나는 어느 문학상을 받지 못했는데, 내가 게을러서 그렇다는 말을 들었다. 여기서 게으르다는 것은 내가 축약형을 너무 많이 사용한다는 말이었다. 예를 들어, 나는 할 수 없어 그리고 하지 않을 거야cannot and will not라고 온전히 쓰지 않고 못해 그리고 안 할 거야can't and won't로 줄여 쓴다는 것이다.

너무 짧아진 또 한 편의 이야기가 있다면 〈박사학위〉였다. 이 글의 원재료는 내 친구의 반복되는 불안한 꿈이었다. 꿈속에서 그 친구는 자기가 필수로 해야 하는 다른 모든 일 ―수업과 논문―을 했는데도 중요한 시험 하나를 치르지 못하는 바람에 실제로 박사학위를 받지 못했다고 믿었다. 나는 처음에 쓴 이야기에서는 치르지 못한 시험을 포함해 그 꿈을 충분히 설명했다. 그런 다음 나는 그 이야기를 점점 잘라내 최종적으로는 그저 다음과 같은 형태로 만들었다.

박사학위
이 모든 세월 내내 나는 내가 박사학위를 받았다고 생각했다.
하지만 내겐 박사학위가 없다.

(사실 친구는 뉴욕대학교에서 〈폴 블랙번의 시집 연구〉라는 논문—오랫동안 극도로 꼼꼼하게 고쳐 쓴 결과물이다—을 썼고 박사학위도 받았다.)

4. 꿈 이야기에서 베른하르트의 단편들로

꿈 이야기들을 쓰고 있을 때 나는 토마스 베른하르트가 쓴 매우 도움이 되는 한 권의 책을 발견했다. 그 책은 내게 밀도 있게 구성된 아주 짧은 소설의 또 다른 모범이 되어주었다. 또한 그 책은 꿈 이야기의 효과는 오로지 재료가 되는 꿈이 얼마나 충격적인지에만 달려 있는 것이 아니라 충분히 전개되고 완성되고 잘 짜인 이야기 그 자체에도 달려 있다고, 이렇게 삶을 꿈 이야기의 재료로 보는 관점에서 새로운 방식으로 접근하더라도 그렇다고 보장해주었다.

베른하르트의 그 책을 발견하게 된 경위는 다음과 같았다. 오헤어 공항에서 비행기를 갈아타느라 한참 동안 시간을 죽여야 했던 나는 그 공항에서 놀랄 만큼 훌륭한 서점 한 군데를 발견하고는 들어가보았다. 소설 코너는 상당히 넓었는데, 나는 그곳을 한가하게 둘러보는 대신 우리 모두에게 가끔씩 생기는 살짝 미친 것 같은 질서정연함에 대한 충동 때문에 알파벳 순서대로 책을 훑어보기로 마음먹었고, A로 시작하는 책들이 있는 코너의 맨 첫 번째 책에서부터 시작해 모든 책을 살펴보았다. B로 시작하는 책들이 있는 코너로 접어든 지 얼마 되지 않아, 나는 토마스 베른하르트가 쓴 내가 들어 본 적 없는 책 한 권을 발견했다. 그리고 그 책이 당시의 내게는 더할 나위 없이 잘 맞는다는 사실에 놀랐다.

5. 소설가로서의 토마스 베른하르트

토마스 베른하르트(1931-1989)는 다소 염세적이고 독설에 찬 오스트리아의 작가다. 주로 소설가로 활동했으며, 대표작으로는 《콘크리트》《옛 거장들》《몰락하는 자》《가고일》《교정》《비트겐슈타인의 조카》 등이 있다. 그는 늘 자기 나라인 오스트리아의 끔찍한 일들에 대해 분노를 터뜨린다. 그의 글은 감동적이면서도 충격적이고, 그러면서도 우스꽝

발견한 재료, 문장 구조, 간결함 그리고 어색한 산문의 아름다움

스럽다. 그의 1인칭 화자들은 열변을 토하면서 씩씩거리고, 그의 장편소설은 종종 전체가 하나의 긴 단락인 형식으로 되어 있다. 그의 글은 넋을 잃게 만들고 마음을 완전히 사로잡는다. 내가 장편소설《이야기의 끝》을 쓰고 있었을 때 그의 책들은 내게 중요한 본보기가 되어주었는데, 내가 찾고 있던 것이 절제된 상태로 유지되는, 한 호흡으로 되어 있고 하나의 목소리로 터져 나오는 감정적 폭발이었기에 특히 그랬다. 나는 내 소설에 휴지(하얀 여백)는 넣었지만 장을 나누지는 않았는데, 나눴더라면 내가 소설을 통제하는 것처럼 보였을 것이다. 나는 이야기의 어조를 통해 이것이 자전적 고백이라는 감각을 전달하고 싶었다. 내게 본보기가 되어준 다른 작품들로는 엘리자베스 하드윅의《잠 못 드는 밤》, 마르그리트 뒤라스의《전쟁》과《연인》이 있다.

베른하르트의 1975년 장편소설《교정》의 도입부를 여기에 옮겨본다. 이 도입부는 하나의 문장으로 이루어져 있다.

처음에는 가벼운 폐 감염이었던 것이 관리를 너무 늦게, 그리고 소홀히 해서 갑자기 심한 폐렴으로 변하는 바람에 온몸에 골병이 든 상태로 적어도 3개월간 인근의 웰스에, 이른바 내과라는 분야에서 유명한 병원이 있는 곳에 틀어박혀 있게 된 뒤에, 나는 아우라흐 계곡에 사는 이른바 박제사라는 횔러의 초대를 받아들여 의사들의 권유대로 10월 말이 아니라

내 고집대로 10월 초에 그를 찾아가기로 했고, 그런 다음 나 자신의 이른바 책임감으로 인해 스토케트의 부모님 댁에 들르지도 않고 곧바로 아우라흐 계곡에 있는 휠러의 집으로 갔으며, 이른바 휠러의 다락방이라는 곳에 곧바로 들어갔는데, 이는 내 친구이자 박제사인 휠러의 친구이기도 했던 로이트하메르가 자살한 뒤 남겨진 글들을 샅샅이 살피고 어쩌면 정리하는 일까지 시작하기 위해서였고, 로이트하메르가 유언을 통해 내게 남겨놓은, 그의 손글씨로 뒤덮인 수천 장의 종잇조각들과 '알텐삼, 그리고 알텐삼과 관련된 모든 것에 대해, 특히 원뿔에 주의를 기울이며'라는 제목의 두툼한 원고로 구성된 문서들을 샅샅이 살피고 분류하는 일을 하기 위해 간 것이었다.

이것이 소설의 첫 문장인데 열 줄이 넘는다. (내가 책에 해둔 메모에 따르면, 이 소설의 첫 열한 페이지를 채우는 문장 수는 단지 열여섯 개밖에 되지 않는다.) 하지만 내가 전에 프루스트에 대해 했던 말은 반복할 가치가 있는데, 정확하고 간결하다는 것이 반드시 짧은 것을 의미하지는 않는다는 것이다. 짧은 시 속에서도 장황하게 말할 수 있고, 긴 문장들로 가득한 긴 장편소설 속에서도 간결하게 말할 수 있다.

이 도입부에 담긴 목소리는 곧바로 확신 가득한 목소리

로 자리잡는다. 이런 확신의 감각은 다음과 같은 문체상의 여러 요소가 동시에 작용해 만들어진다. 자신이 매우 진지하다는 것(과 어느 정도의 자만심)을 보여주는 거의 지나칠 정도로 올바른 문장 구성, 거기 담겨 있는 절박함, 즉 우리가 받게 되는, 화자가 우리에게 이 모든 것에 대해 이야기하고 싶어 한다는 느낌, 화자의 병과 로이트하메르의 원고 등에 대한 세부 묘사의 정도, 화자의 강한 의견(내과와 박제사 등을 언급할 때 빈정대는 그의 말투), 자신의 의견과 의사들의 의견을 대조하면서 다른 서체를 사용해 강조한 것, 사람들과 장소들의 이름을 언급하면서 화자와 독자인 우리들 역시 그 특수한 사실들의 중요성을 알아볼 거라는 듯 언급한 것.

내가 오헤어 공항에서 문제의 책을 발견했을 때, 베른하르트는 나로서는 이미 꼼꼼히 읽고 존경해온 작가였다. 그 책은 《목소리 모방자》였는데, 길이가 각각 한 단락씩 되는 104편의 단편소설이 실려 있었다. 나는 그때까지는 베른하르트가 초단편소설을 쓴 적이 있다는 사실조차 모르고 있었다.

6. 토마스 베른하르트의 단편들과 복잡한 구성

이 단편소설들에서 주목할 만한 것은 밀도 있는 구성, 완성도, 부정적인 태도뿐 아니라 《교정》의 도입부에서처럼 극도로 복잡하게 구성된 일부 문장들이다.

나는 창작 수업의 학생들에게 베른하르트의 짧은 단편소설 중 한 편을 읽고 분석한 다음 그 문체를 모방해보라는 과제를 내준 적이 있었다. 요즘의 젊은 작가들은 길고 복잡한 문장들을 만드는 일을 종종 어려워한다. 종종 짧고 단순한 문장들로만 자신을 한정하고, 좀 더 길고 복잡한 문장을 시도할 때면 문제가 생겨버리는 것이다. 이는 그 점만 아니면 훌륭한 작가들―작품을 출간한 훌륭한 작가들―에게서도 나타나는 특징이다.

다음에 소개하는 베른하르트의 짧은 소설은 첫 문장이 전체 분량의 절반쯤을 차지하고, 두 번째와 세 번째 문장은 단순하지는 않지만 상당히 짧으며, 마지막 문장은 다시금 길고 복잡하다. (문장들을 찾기 쉽도록 번호를 붙여두었다.)

일관성

[1] 수십 년간 그라츠대학교의 교수 두 명을 괴롭혀왔고 그들뿐 아니라 그들의 가족들까지도 완전히 파멸시킨, 알려진 것처럼 어느 날 그들이 지각력 있게도 세 번째 동료에게 말해주면서, 아무것도 아닌 것이 되어버린 모든 철학적 논쟁들과 마찬가지로, 보통 세상일이 그렇듯 마침내 그들의 논쟁에 휘말린 이 동료까지 파멸시키고 정말로 미치게 만들어버린 그 철학적 논쟁의 끝에, 그라츠대학교의 두 교수는 자

신들의 세 번째 동료이자 적인 이 사람을 자신들이 오직 철학적 논쟁이라는 목적만을 위해 공동으로 빌린 집에 말하자면 습관처럼 초대한 뒤, 그 집을 폭파시켰다. [2] 그들은 자신들에게 남아 있던 돈 전부를 그 일에 필요한 다이너마이트를 사는 데 썼다. [3] 폭발 당시 세 교수 모두의 가족들이 집 안에 있었으므로, 그들은 자신들의 가족 역시 날려버린 셈이었다. [4] 수십 년 동안 이어져온 철학적 논쟁이—그들 자신이 명백히 보여주었듯—치명적인 효과를 발휘했던 것으로 판명된 그 교수이자 적이었던 사람들 가운데 한 명의 살아남은 친지들은 국가의 도덕적·지적 파산이 세 명 모두를 죽음으로 몰아갔다는 의견이었기 때문에 국가를 고소할지 고려했지만, 결국 그런 소송의 무용함을 깨달았기 때문에 소송을 걸지는 않았다.

이렇게 짧은 단편이라고 해도 그 구석구석에 신선한 소재가 얼마나 많이 들어가 있는지 다시금 주목해보자. 특히 마지막 문장에 들어가 있는 '국가의 책임'이라는 개념은 앞부분을 읽으면서는 예상할 수 없었을 것이다.

베른하르트의 다음과 같은 또 다른 아주 짧은 소설은 우리를 잠시 꿈의 영역으로 돌아가게 만든다. 첫 번째 짧은 소설과 마찬가지로 이 소설의 첫 문장 또한 그것만으로 소설의 분량 절반쯤을 차지한다. (이번에도 문장에 번호를 붙여 두었다.)

술든 근처

[1] 몇 년 전 술든 근처에 있는, 내가 가능한 한 사람을 만나지 않고 오직 꼭 필요한 사람들하고만 접촉하기 위해 몇 주간 물러나 있었던, 그러기 위해서는 술든 근처 지역이 다른 어느 곳보다 적합했기에—그리고 내가 예전부터 알고 있던 멀리 떨어진 술든으로 갔던 것은 무엇보다 병에 걸린 내 폐를 위해서였다—선택했던 어느 조용한 여관에서, 나를 빼면 그 여관의 유일한 손님이었고 자신이 한때는 인스브루크 대학교 총장이었으나 누군가의 중상모략으로 인해 자리에서 물러났고, 그 뒤에 곧 결백함이 입증되기는 했지만 실제로 감옥에까지 갇혔다고 말하는, 인스브루크에서 온 나터 씨라는 사람이 날마다 자신이 그 전날 밤에 꾸었던 꿈 이야기를 내게 들려주었다. [2] 내게 이야기해준 어느 꿈속에서, 그는 자기 아버지의 무덤을 파내기 위한 허가를 얻어내려고 티롤의 관계 부서 수백 군데를 돌아다녔으나 얻어내지 못했고, 그래서 자기 아버지의 무덤을 손수 파내려고 애를 썼으며, 몇 시간 동안 너무도 진 빠지게 땅을 판 끝에 마침내 그 일에 성공했다. [3] 그는 자기 아버지를 한 번 더 보고 싶었던 거라고 말했다. [4] 그러나 그가 관을 열고 실제로 관 뚜껑을

발견한 재료, 문장 구조, 간결함 그리고 어색한 산문의 아름다움

치웠을 때, 관 속에 누워 있던 것은 그의 아버지가 아니라 죽은 돼지 한 마리였다. [5] 늘 그렇듯 이번에도 나터는 자신의 꿈이 무슨 의미인지 알고 싶어 했다.

네 번째 문장이 죽은 돼지라는 예상치 못한 요소와 함께 끝나도록 주의 깊게 짜여 있는 방식에 주목해보자. 거기서 끝났더라면 이야기의 충격은 전적으로 죽은 돼지라는 그 놀라움에 의존하게 되었겠지만, 베른하르트는 그러지 않고 우리를 이 나터라는 인물의 꿈의 해석에 대한 우스꽝스러운 집착과 고집으로 돌아가게 한다. 마지막 문장은 앞에 나왔던 소재로부터 자연스럽게 나온 것이지만 그럼에도 다소 놀랍다.

7. 베른하르트적인 단편소설

내가 비교적 최근에 쓴 글 한 편은 앞에서 소개했던 〈낸시 브라운이 마을에 온다〉와 〈안녕 자기〉처럼 메일 내용으로부터 탄생한 것이기는 하지만 확실히 베른하르트에게서 영감을 받았다. 이번에도 영감이 되는 것에는 (적어도) 두 가지 근원이 있다. (1) 베른하르트의 단편소설들을 분석적으로, 이 작업을 학생들과 함께하고 있었으므로 더욱 면밀하게 읽은 일. 그리고 더욱 직접적으로는 (2) 원재료, 즉 내가 우연히 읽게 된 메일. 그리고 글을 쓰기 위한 감정적 자극이 된 것—내가 쓰게 되는 한 편의 글 이면에는 언제나 강렬한 감정이 있으니까—은 적어도 다음과 같은 두 가지였다. (1) 베른하르트가 자신의 짧은 소설들에서 한 일과 메일의 내용에서 내가 느낀 재미. (2) 베른하르트의 글쓰기에 대한 존경, 그리고 그 비슷한 무언가를 하고 싶다는 욕망. 비록 나는 (지금의 내게는 명백해 보이는) 베른하르트의 영향을 그 글을 쓰고 난 뒤에야 깨달았지만 말이다. 하지만 다음에 소개하는 내 단편소설은 베른하르트적으로 정교한 구조는 지니고 있지 않고, 그의 소설보다 길다.

부정적인 감정
선의를 지닌 어느 교사가 한번은 자신이 읽고 있던 텍스트에서 영감을 받아 학교의 다른 모든 교사들에게 부정적인 감정에 대한 메시지를 보냈다. 그 메시지는 전체가 베트남의 한 불교 승려에게서 인용한 조언으로만 이루어져 있었다.
감정은 폭풍과 같아서 한동안 머무르다 지나간다고 그 승려는 말했다. 우리는 감정을 (다가오는 폭풍처럼) 인식하자마자 안정된 자세를 취해야 한다. 앉거나 누워야 한다. 자신의 배에 정신을 집중해야 한다. 구체적으로 말하자면 배꼽 바로 아래 부위에 집중하면서 의식적으로 호흡해야 한다. 만약 감정을 감정이라고 식별할 수 있다면 다루기가 더 쉬워질 것이다.

발견한 재료, 문장 구조, 간결함 그리고 어색한 산문의 아름다움

다른 교사들은 혼란에 빠졌다. 그들은 동료가 왜 부정적인 감정에 대한 메시지를 보낸 건지 이해할 수 없었다. 그들은 그 메시지를 괘씸하게 여겼고, 자신들의 동료 또한 괘씸하다고 생각했다. 그들이 생각하기에 동료는 그들이 부정적인 감정을 느끼고 있고 그것을 어떻게 다뤄야 하는지 조언이 필요한 사람들이라고 비난하고 있었다. 그들 중 일부는 사실 화가 나 있었다.

교사들은 자신들의 분노를 다가오는 폭풍이라고 여기지 않기로 했다. 자신들의 배에 정신을 집중하지도 않았다. 배꼽 바로 아래 부위에 집중하지도 않았다. 대신 그들은 곧바로 동료에게 답장을 쓰면서 그가 영문을 알 수 없는 메시지를 보내는 바람에 자신들이 부정적인 감정으로 가득 차게 되어 버렸다고 분명히 적었다. 그의 메시지 때문에 생겨난 부정적인 감정들을 극복하려면 많은 훈련이 필요할 것 같다고도 썼다. 하지만 그런 훈련을 할 생각은 없다고 그들은 이야기를 이어갔다. 부정적인 감정들 때문에 힘들기는커녕 부정적인 감정들을 느끼는 게 좋고, 특히 그와 그의 메시지에 대해서는 그러는 편이 좋다고 그들은 썼다.

이것이 지금 상태 그대로의 글이지만, 이 글은 한 번 수정된 다음 또 한 번의 수정을 거쳐 현재의 형태로 되돌아왔다. 이 글을 쓰고 나서 베른하르트가 부분적으로 이 글에 영감을 주었을 가능성을 깨달은 나는 이 글에 공공연한 폭력성을 더해서 더욱더 베른하르트적으로 만들어보자는 생각이 떠올랐다. 그래서 다음과 같은 한 단락을 글에 덧붙였다.

딱 한 명의 교사만이 그 메시지에 너무도 화가 나서 며칠 동안이나 아무 말도 하지 못했다. 그러던 그는 답장을 쓰는 대신 한밤중에 대변이 든 봉지를 가지고 나가서는, 메시지를 보낸 교사의 집으로 가서 그의 현관 베란다에 대변으로 이렇게 썼다. '부정적인 감정.'

나는 이 마지막 단락이 좀 미심쩍었다. 그래서 가끔 내가 쓴 글을 보내주는 친구에게 글 전문을 보내주었다. 글에 대해 질문이 하나 있는데 친구가 그 글을 다 읽은 다음에 할 거라고 말했다. 친구는 그 글이 몹시 마음에 든다고, 하지만 마지막 단락은 어째선지 어울리지 않는다는 생각이 든다고 답장을 보내왔다. 아니 그보다는, 친구가 했다고 내가 기억하는 말을 해석해보자면 그랬다. (이 일은 몇 달 전에 있었다.) 기억은 종종, 적어도 약간이라도 조작을 한다. 대개는 당신이 무언가를 기억하고 싶어 하는 방향으로 말이다. 친구가 보낸 답장을 확인해보니, 친구가 한 말은 정확히는 다음과 같았다. "마지막 단락이 왜 별로 마음에 들지 않는지는 모르겠어. 이유를 모른다면 말조차 하지 말아야 하는 게 아

발견한 재료, 문장 구조, 간결함 그리고 어색한 산문의 아름다움

넌가 싶기도 하고. 어째선지 나는 이 교사들이 부정적인 감정을 느끼는 걸 좋아한다는, 역설로 보이는 결말로 글이 끝나는 쪽이 더 좋은 것 같아. (그들이 비꼬고 있다는 건 알지만 말이야.) 하지만 내가 틀렸는지도 몰라."

친구는 내 미심쩍음을 더 굳혀주고 있었고, 그래서 나는 덧붙였던 그 단락을 곧바로 빼버렸다.

8. 세 문장으로 된 매일의 일기

최근 나는 매일 간단한 경험 한 가지씩을 아주 짧은 세 문장의 형태로 기록하겠다는 생각을 했다. (여기서 '짧은' 문장이라는 건 위에서 소개한 베른하르트의 아주 짧은 소설들에 나오는 것 같은 문장들은 빼고 하는 말이다.) 나는 이런 짧은 묘사를 아직 두 편밖에 하지 않았고, 그중 마음에 드는 건 한 편이지만, 이 아이디어 자체는 마음에 든다. 확실히 이것은 매일 일기를 쓸 의무를 스스로에게 부과하는 한 가지 흥미로운 방식이다. 그렇다, 나는 매일 일기를 써야 하는데, 그 일기에는 주제를 주의 깊게 선택하고, 그다음에는 그 경험을 어떻게 표현할지 주의 깊게 선택하는 일이 필요할 수도 있다. 그러면서도 그 일기는 짧은 길이로 남을 수도 있다는 것이다.

여기 내가 처음으로 써본 그런 일기가 있다. (내가 남들에게 그토록 열렬하게 추천하듯 곧바로 써 내려가지는 않았기 때문에 몇몇 단어는 처음과 달라졌는데, 처음에 썼던 단어들이 더 나았던 것 같다.)

낡은 농가 뒤 들판을 가로질러 바람이 씽씽 불었다.
우리는 산책을 나가 있었고, 철교 쪽으로 내려가고 있었다.
도로 아래 아르투아식 우물에서 병들에 물을 채우고 있던 한 여자가 올려다보더니 미소 지었다.

아주 간단했다. 선禪 수련에서 '별거 없다'고 말하곤 하는 것처럼. 처음에는 이 글이 하나의 짤막한 산문 단락이 될 거라고 상상했다. 그러다가 글을 타이핑하면서 각각의 문장을 줄을 바꿔 새로운 행에서 시작했고, 그러자 마치 하이쿠 효과 같은 또 다른 효과가 생긴다는 걸 알게 되었다. 초기 버전에서는 하이쿠 효과에 대칭 효과가 더해지도록 첫 번째와 세 번째 문장이 두 번째 문장보다 더 길었는데, 원한다면 그것을 미리 정해놓고 쓰는 형태의 일부로 정할 수 있었다. 물론 하이쿠의 경우에는 중간 행이 앞뒤의 두 행보다 짧은 게 아니라 더 길지만 말이다.

9. 펠릭스 페네온

이 형식을 착안해내는 과정에서 나는 아마도 프랑스의 문인이자 출판업자, 번역가 그리고 신문사 기자였던 펠릭스

발견한 재료, 문장 구조, 간결함 그리고 어색한 산문의 아름다움

페네온(1861-1944)의 글을 몇 년 전에 읽은 경험으로부터 영향을 받은 듯하다. 페네온은 생전에 자신의 책을 한 권도 출간하지 않았다. 그 자신의 작품집을 출판하자는 제안을 받은 그는 이렇게 대답했다. "제가 갈망하는 건 오직 침묵입니다." 그는 글과 관련된 다른 많은 활동 가운데서도 신문에 짧은 단신들을, 범죄나 사고에 대한 아주 간단한 설명들을 쓰기는 했다. 미국에서는 '경찰 사건 기록'이라고 부르고 프랑스에서는 faits divers—문자 그대로 '다양한 사실들이나 일들'을 뜻한다—라고 부르는 기록이었다. 페네온은 이런 기록들을 타이핑한 세 줄로(반드시 세 문장은 아니었다) 제한하고, 미리 정해둔 길이와 사실의 재현이라는 제약 속에서 그것들을 가능한 한 생생하고 의미심장하게, 때로는 섬뜩하게, 또 때로는 익살스럽거나 기이하게 작성하는 작업에 신중을 기했다. 그가 죽고 50년간 그의 연인이었던 여성도 죽고 난 뒤, 그 여성이 그가 쓴 모든 faits divers를 한 권의 스크랩북에 조심스레 보관해두었다는 사실이 밝혀졌다. 이 글들은 한데 모여 출간되었고—전부해서 1,220편이었다—그 가운데 일부를 골라 펴낸 책이 몇 년 전 뤽 산테에 의해 영어로 번역되어 뉴욕 리뷰 북스 출판사에서 《세 줄로 쓴 장편소설》이라는 제목으로 출간되었다.

페네온이 쓴 fait divers 혹은 경찰 사건 공고문 가운데 일부를 여기 옮겨본다.

새벽 5시, 퐁다리 가에서 두 명의 남자가 P. 부제 씨에게 다가가 말을 걸었다. 한 명은 부제 씨의 오른쪽 안구를, 다른 한 명은 왼쪽 안구를 꺼냈다. 네케르에서.

보르도에 있는 라리외의 집에서 가스 폭발이 일어났다. 라리외는 부상을 입었다. 그의 장모의 머리카락에는 불이 붙었다. 천장이 함몰되었다.

르아브르에서 선원인 스쿠아르네가 기관차 아래 투신했다. 그의 장기는 한 장의 천에 수합되었다.

공증인 리마르가 라니의 부잔교에서 자살했다. 그는 물에 빠져도 떠내려가지 않도록 자신의 몸을 끈으로 고정해두었다.

슈아시르루아에 사는 도예가이며 폐결핵에 걸려 있던 샤를 들리에브르가 두 개의 화덕에 불을 붙인 다음 침대에 흩뿌려 놓은 꽃들에 둘러싸인 채 사망했다.

기계공 지켈에 의해 에르블레 기차역 근처에서 배회하는 것이 목격되었던 해로운 인물의 신원이 밝혀졌다. 달팽이 수집가 쥘 메나르였다.

발견한 재료, 문장 구조, 간결함 그리고 어색한 산문의 아름다움

이 책의 서문에서, 산테는 페네온의 세 줄짜리 장편소설들을 찰스 레즈니코프의 《증언: 미국 (1885-1915) — 레시터티브》와 비교하는데, 이 작품은 모든 소재를 형사소송 사건 기록에서 가져온 책 한 권 길이의 시다. (그건 그렇고, 재판 기록이란 매우 다양한 사람들이 실제로 말하는 방식을 공부하려는 작가에게는 구술사와 마찬가지로 풍성한 자원이 된다.) 레즈니코프의 연구는 방대해서, 그는 스스로 설명하듯 시 한 편의 소재를 찾기 위해 1천 페이지나 되는 사건 기록을 살펴보기도 했다. 대개 충격적인 사건들을 다루는 그의 기록은 페네온의 기록과 마찬가지로 간결하고 갑작스럽게 끝난다.

이 두 작품—페네온의 세 줄짜리 '장편소설'들과 레즈니코프의 《증언》—모두 오랜 세월이 지난 뒤 최근에 내가 쓴 〈지역 부고〉라는 글에 본보기 역할을 했을 수 있다. 이 단편소설은 지역에 살던 어느 정도 평범한 사람들의 부고에서 발췌한 아주 짧은 구절 여러 개로 구성되어 있다. 예를 들면 '정원 일을 좋아했던 83세의 에덜', 혹은 '제2차 세계대전에 참전했고 폴란드 남성 합창단에서 노래를 불렀던 89세의 리처드' 하는 식으로 말이다. 이 작품에서 나는 레즈니코프 (1894-1976)와 마찬가지로 내가 발견한 낯선 사람들에 관한 재료로 작업을 하고 있다. 하지만 재료에서 가져온 상당한 양의 길고 짧은 문장들로 다양한 길이의 시를 쓴 레즈니코프와는 달리, 나는 발췌문을 대개 신문의 부고 스타일로 된 몇 줄로만 한정하고 있다. 내 글들은 페네온의 글들과 마찬가지로 짧지만, 페네온과는 달리 나는 재료를 고쳐 쓰는 게 아니라 선별하고 있고, 선정적인 사건들이 아니라 자주 되풀이되는 평범한 일들에 관심이 있다.

몇 년 전 미국 소설가 조지 손더스가 출연한 어느 라디오 인터뷰를 들은 적이 있는데, 그는 인간의 잠재의식이 대단히 풍요로울 뿐 아니라 아주 잘 조직되어 있다고 믿는다고 했다. 이것은 내게는 신선한 개념이었다. 나는 잠재의식이 거기 축적된 재료들로 풍요롭다는 것은 늘 알고 있었지만, 그것이 다소 혼돈스러울 거라고 생각했다. 손더스의 말뜻이라고 생각되는 것을 내게 영향력이 작동하는 방식에 적용해본다면, 나는 이렇게 말할 수 있을 것이다. 나는 잠재의식 속에 페네온의 세 줄짜리 '장편소설'들과 레즈니코프의 《증언》같은 것들을 비축해두고 있다. 그러다가 내가 우리 지역 신문에서 부고를 읽고 거기 등장하는 사람들의 삶과 그들의 부고가 쓰인 방식에 감동을 받게 되면, 여전히 나 스스로는 모르는 채로, 여전히 잠재의식적으로, 페네온과 레즈니코프의 영향력이 자기주장을 하게 되고, 그렇게 해서 나는 〈지역 부고〉의 형식으로 한 편의 글을 쓰게 되는 것이다. 어쩌면 손더스는 이렇게 말할지도 모른다. 그 글의 재료는 내 잠재

발견한 재료, 문장 구조, 간결함 그리고 어색한 산문의 아름다움

의식의 선반 위에 단정히 정리되고 다양한 제목 아래 보관되어 있었던 거라고, 내 효율적인 검색 시스템이 선반을 빠르게 훑다가 그것들을 본보기로 찾아낸 거라고 말이다.

10. 세 줄짜리 시와 하이쿠: 론 패짓

여기서는 관련된 이야기를 계속하면서 세 문장이나 세 줄로 된 글을 쓰는 일에서부터 하이쿠에 관한 이야기로 조금 더 나아가보려 한다.

언젠가 한 작가 친구가 진지하게인지 농담으로인지 말하기를, 자신이 외워본 유일한 시는 또한 가장 유용한 시이기도 했는데, 그 시는 시인 론 패짓이 하이쿠에 대한 정의로서 쓴 시로, 그 시 또한 하이쿠라고 했다. 그 시의 제목은 〈하이쿠〉다.

처음에는 다섯 음절.
두 번째는 일곱 음절.
세 번째는 다섯 음절.

단정하고 외우기에도 좋지 않은가.

11. 바쇼와 그의 가장 유명한 하이쿠

17세기 일본 시인 마쓰오 바쇼의 얇고 작은 책을 몇 년 동안 드문드문 읽어왔다. 《오쿠로 가는 작은 길》에는 여러 매혹적인 특징들이 있는데, 아름다운 이미지, 그 이면에 깃들어 있는 정신, 익살스러운 순간들, 간결함, 그리고 특히 시가 쓰인 형식이 그것이다. 이 작품은 일본 북동부의 외딴 지역으로, 혹은 은유적으로는 시인 내면의 자아로 들어가는 여행의 기록이다. 대부분 산문으로 쓰여 있지만, 가끔씩 하이쿠가 끼어들어 여행의 그 시점에서 물리적으로 혹은 감정적으로 경험되는 한순간을 묘사하거나 그 순간의 정수를 뽑아낸다. 그렇기 때문에 이 글에는 산문으로부터 벗어나는 순간과 산문으로 돌아가는 순간이 기분 좋게 번갈아 등장한다. 사실 일본어에는 이런 형식을 가리키는 이름이 따로 있다. 하이반haiban이 그것이다.

하지만 나는 바쇼가 쓴 것으로 알려진,《오쿠로 가는 작은 길》에는 실려 있지 않은 유명한 또 한 편의 하이쿠에 대해서는 아주 최근에야 알게 되었다. 나는 네덜란드의 작가이자 학자인 이안 부루마가 《뉴욕 리뷰 오브 북스》에 일본에 관해 쓴 다음과 같은 기사를 읽다가 그 하이쿠를 발견했다.

위대한 시인 마쓰오 바쇼는 1689년 일본 북동부를 여행하다가 마쓰시마섬의 아름다움에 너무나도 압도되어 거의 말을 할 수 없었던 자신의 상태를 간신히 다음과 같이 표현했는데, 이 시는 그의 가장 유명한 하이쿠 중 한 편이 되었다.

발견한 재료, 문장 구조, 간결함 그리고 어색한 산문의 아름다움

마쓰시마 아!
아아, 마쓰시마, 아!
마쓰시마 아!

나는 거의 말을 할 수 없었던 바쇼의 상태를 몇 가지와 연관지어 본다. 자신이 갈망하는 건 침묵이라는 페네온의 언급, 제라드 맨리 홉킨스와 조지 오펜처럼 수년 동안이든, 스물한 살쯤 시를 놓은 아르튀르 랭보(1854-1891)처럼 영구히든 간에 시 쓰기를 그만두기로 한 어떤 시인들의 결정, 그리고 프루스트의 《스완네 집 쪽으로》에 나오는, 아주 어렸을 때 자신을 덮치던 영감에 대해 감정이 잘 드러나지만 정제되지는 않은 "이런, 이런, 이런, 이런!Zut, zut, zut, zut!"이라는 표현으로(그건 그렇고 이 표현은 번역상의 난제다) 반응했던 인물 마르셀과.

나는 또한 바쇼가 마쓰시마 섬에 관해 쓴 하이쿠를 우리가 가장 강렬한 감동을 받을 때 그것에 대한 우리의 표현은 종종 가장 어눌해진다는 역설과 관련지으려 한다. 그리고 이것은 소설가가 감정적인 순간들에 인물들의 입에서 나오는 대화를 쓸 때 명심해야 하는 것이다. 바쇼의 하이쿠는 또한 우리에게 우리가 작가로서 조심스럽게 유지해야 하는 균형을 상기시켜준다. 우리가 선택한 형식이 무엇이든 우리는 그 안에서 어느 정도의 분명한 표현과 유창함을 추구할 수 있지만, 선을 넘어 과도한 유창함이나 기발함에, 독자의 주의를 작품 자체로부터 멀어지게 하는 것에 탐닉하지 않도록 경계해야 한다. 우리는 기꺼이, 겸허하게 배경에 머무르면서 관심의 초점이 작품 자체로 향하게 두어야 한다.

12. 에드윈 모건과 루이스 주코프스키

 침묵과 간결함이라는 개념을 이어가면서, 역사상 인쇄된 가장 짧은 시 가운데 한 편이 틀림없을 시로 이 글을 맺으려 한다. 그 시는 세 단어로 된 제목과 한 단어로 된 본문으로 이루어져 있다. 그 시는 2010년 90세의 나이로 세상을 떠난 스코틀랜드의 유명한 시인 에드윈 모건의 작품이다.

 제임스 캠벨이 《더 타임스 리터러리 서플먼트》에 그 시를 인용하며 모건에 대해 쓴 글을 여기 옮겨본다.

 그를 가장 기쁘게 한 사건은… 《꿈들과 다른 악몽들: 신작 시와 미수록 시들》의 출간이었을 것이다. 그 책은 독자들이라면 친숙할 [모건의] 두 얼굴—괴짜 사전 편찬자와 불안한 인상을 지닌 고백하는 사람—에 똑같은 분량을 할애하고 있고, 한 단어로 쓰인 적 있는 시들 가운데서도 가장 재치 있는 시인 〈주코프스키에 대한 경의〉도 다음과 같이 실려 있다.

발견한 재료, 문장 구조, 간결함 그리고 어색한 산문의 아름다움

그*

 이것은 사실 짧은 작품에서의 제목의 중요성을 훌륭하게 보여주는 예로, 이런 작품에서 제목은 작품에서 절반쯤 되는 역할을, 혹은 절반 이상의 역할까지도 해낸다. 우리에게 텍스트나 시의 본문에 대한 준비를 하게 해주는 것이다. 이 시의 경우, 제목이 없었다면 우리는 단지 '그'라는 단어만 읽게 되었을 것이다. 그러고는 당혹감 속에 남겨져 있었을 것이다. 하지만 현재 붙어 있는 제목은 이 시가 우리로서는 누군지 모를 수도 있는 누군가에 대한 경의의 표현임을 우리에게 말해준다. 캠벨은 이어서 말한다. "루이스 주코프스키[1904-1978]가 책 한 권 길이로 된 시《A》의 작가임을 알아두면 도움이 될 것이다." 우리가 이 사실을 알고, 심지어 주코프스키의 《A》를(약 50년에 걸쳐 24개 섹션으로 나뉘어 집필된 826페이지짜리 시다) 일부 읽어본 적도 있다면, 오직 그럴 때에만 우리는 모건의 시에 담긴 재치의 진가를 알아볼 수 있을 것이다. (그건 그렇고《A》의 한 섹션은 길이가 겨우 네 단어밖에 되지 않는다.)
 모건은 또한 주코프스키가 스물두 살 때 썼고 그의 첫 번

---

* 원문은 'the'로, '(바로) 그 (유명한) 주코프스키'라고 할 때의 '그'라는 수식어를 의미한다.

째 대표작으로 간주되는 한 편의 시를 염두에 두고 있었는지도 모른다. 그 시는 〈'The'로 시작되는 시〉로, 부분적으로는 이전 세대 시인들, 특히 T. S. 엘리엇의 〈황무지〉를 비꼬는 반응으로 여겨진다. 이 시는 에즈라 파운드에게 깊은 인상을 남겼다.

에드윈 모건의 〈주코프스키에 대한 경의〉는 분명 자주 제기되는 하나의 질문을 다시금 불러일으킨다. 한 편의 글이 주는 울림을 온전히 느끼기 위해 독자는 얼마나 많은 것을 미리 알아야 하며, 독자가 그런 울림을 온전히 느끼지 못하는 것은 괜찮은 일인가? 나는 이런 질문으로 괴로웠던 적은 없지만, 스스로에게, 내가 쓴 짧은 소설 〈새뮤얼 존슨은 분개한다〉에 이 질문을 제기해야 했다. 그 소설의 전문은 "스코틀랜드에 나무들이 너무도 적어서"이다. 당신이 새뮤얼 존슨이 누군지 안다면 울림이 더 크겠지만, 설령 그를 몰라도 소설은 작동할 거라고 나는 생각한다.

모건의 시의 경우, 어쩌면 독자는 그 시에서 무엇이든 얻기 위해서는 몇 가지를 미리 알아야 할 것 같기도 하다. 하지만 나는 이것 때문에 모건이 정확히 지금처럼, 자신이 최선이라고 생각하는 형태의 시를 쓰는 일을 그만둬야 한다고는 생각하지 않고, 그가 시에 주석을 달아야 한다고도 생각하지 않는다. 어떤 글이든, 그 글의 청중이나 독자가 되는 사람들은 결국에는 특수하고 한정된 사람들이다. 모든 사

발견한 재료, 문장 구조, 간결함 그리고 어색한 산문의 아름다움

람에게 호소하거나 심지어는 해명까지 하려고 애쓸 필요는 없다.

(2013)

단상, 파편화된
혹은 완성되지 않은

하나의 협업

롤랑 바르트의 《사랑의 단상》 서문에서. "우리가 그동안 기다림, 불안, 기억에 대해 이 책에서 할 수 있었던 이야기는 별로 대단치 않은 부록에 지나지 않으며, 독자가 마음껏 사용하고, 덧붙이고, 빼고, 다른 이들에게 전하도록 제공된 것이다… (이상적으로 말하자면, 이 책은 하나의 협업이 될 것이다…)"

물론 어떤 책이든, 그리고 어떤 글이든 이미 협업의 한 부분이다. 페이지에 인쇄된 그것은 그 자체로는 불완전하다. 그것은 자신을 완전하게 만들어줄 독자를 필요로 한다. 하지만 독자 역시 그것을 오해하고, 다른 개념을 위해 그것을 왜곡하고, 그것의 대부분을 잊어버리고, 부정확하게 기억하고, 부정확하게 기억하는 와중에 그것과는 다른 무언가를 만들어내는 것 같은 일을 할 수도 있다. 이 모든 반응들은 협업 행위에서는 완벽하게 합법적인 영역에 속한다.

빠져 있지만 빈 공간으로 여전히 존재하는 것

페터 한트케의 장편소설 《어크로스》에서, 결국 자신의 연구를 '문턱'에 집중하게 되는 고고학자인 화자는 경력 초기에 비난을 받는데, 사람들이 말하듯 그가 신경 쓰는 것이라고는 무언가를 찾아내는 것뿐이기 때문이다. 화자는 이렇게 이야기를 계속한다. "발굴 현장에서 거기 있는 것보다는 거기서 빠져 있는 것을, 떠내려갔든 그저 썩어 없어졌든 돌이킬 수 없이 사라졌지만 공백으로, 텅 빈 공간이나 텅 빈 형태로 여전히 존재하는 것을 더욱더 찾는 훈련을 하지 않을 수 없게 된 건 부분적으로는 이 말 때문이었다."

단상

여기서는 단상이 글의 한 형식이라는 개념을 택해 검토하고 탐구해볼 것이다. 또한 거기서부터 곁다리로 빠져서, 전체, 완성, 미완성, 순서 같은 개념들, 작가의 노트, 그리고 그들의 작업이 파편화된 것 및 완전한 것에 대한 개념들과 관련되어 있다는 점에서 흥미로운 어떤 작가들에 대해 곰곰이 생각해보고 싶다. 이를테면 지금으로부터 150년에서 200년 전 사이에 글을 썼고, 프랑수아 르네 드 샤토브리앙 같은 친구들이 단상들Pensées을 모아 작품집을 엮어보라고 격려했지만 그러지 않았으며, 출판 가능한 다양한 '작품'을 쓰려고 계획하고 시도했지만 오직 단상이나 파편화된 글로 채워진 여러 권의 노트만 남겼던, 지금은 그 노트들에서 엄선된 글들이 작품으로 간주되는 조제프 주베르, 후기에 쓴 찬가와 단상들을 19세기 초의 몇십 년에 걸쳐 튀빙겐에 있는 어느 탑에서 은둔 생활을 하던 시기에(그 시기에 그는 정신착란을 일으켰던 것으로 보인다) 썼던 프리드리히 횔덜린, 그로부터 50년쯤 뒤 자신의 여덟 살짜리 아들 아나톨이 죽어가던, 그리고 죽음을 맞은 시기에 시를 쓰려고 시도했던 스테판 말라르메, 단상을, 자신의 표현에 따르면 "짧게 터져 나오는 말들"을 쓰는 일을 선호한다고 시인하는 바르트, 그리고 다른 작가들에 대해.

건축으로서의 잔해

완성되지 않은 것들의 힘에 대한 외젠 들라크루아의 몇 가지 생각을 여기에 옮겨본다.

올라가는 중이고 세부는 아직 드러나지 않은 건물은 똑같은 건물에 장식과 마감재라는 보완물이 입혀졌을 때와는 다른 인상을 우리에게 선사한다. 건물의 잔해 또한 마찬가지인데, 잔해는 없어진 부분들 때문에 더욱 매혹적이다. 잔해의 세부는 사라지거나 훼손되어 있는데, 올라가는 중인 건물 안에서는 아직 건물의 뼈대와 희미하게 드러나는 몰딩, 장식된 부분들 정도밖에 보이지 않는 것과 마찬가지다. 완성된 건물은 보는 이의 상상력을 하나의 범위 안에 가두고 그 너머로 나가지 못하게 막는다. 어쩌면 작품의 스케치가 그토록 많은 즐거움을 주는 것은 그저 사람들 각자가 자기 취향에 맞게 그것을 완성시키기 때문인지도 모른다. (《외젠 들라크루아의 일기》)

질문: 이 잔해라는 것은 왜 오히려 더 인상적으로 보이는 걸까?

내가 지금 떠올리고 있는 단상들과 또 다른 단상들은 남아 있는(다시 말해 잔해에 가까운) 것일까, 아니면 여전히 만들어지고 있는 것일까? 혹은 둘 다일까? 다시 말해, 여전히 만들어지고 있는 것으로부터 남겨진 조각들일까?

(들라크루아는 미술과 그림에 대한 사전을 집필하는 일에 착수하기는 했지만, 상당한 분량에 이르는 그의 글들 자체가 편지와 일기 속에 파편화되어 흩어진 상태로 남아 있다는 사실을 덧붙일 수 있을 것 같다.)

'단상'의 특징을 규정하기

파편화된 글의 특징을 규정하는 일은 쉽지 않다. 그 특징은 내게 단상과 비슷한 글을 쓰는 것으로 보이는 각각의 작가의 경우에 조금씩 다를 것이고, 그래서 일반적인 정의보다는 특수한 정의가 더 많이 존재한다. 적어도 몇 가지 공통된 요소, 좀 더 일반적인 정의를 이루는 작은 부분들은 가끔씩 발견되기도 하지만 말이다.

횔덜린의 경우, 단상은 그가 후기 시에서 이미 하고 있던 작업의 극단적인 형태일 수 있다. 《찬가와 단상들》의 번역본 서문에서 리처드 시버스가 언급한 바에 따르면, 테오도르 아도르노는 횔덜린 후기 시의 두드러진 특징을 "병렬 구문, 즉 여러 구문론적·문법적 요소가 설명을 위한 접속어 없이 나란히 놓인 구문(그리고 구나 절의 종속 관계 또는 대등 관계로 이루어진 종속 구문과는 대조되는 구문)"이라고 정의했다.

(내가 여기까지 쓴 이 글은 각 부분이 하나의 궁극적이고 지배적인 주장이나 의미에 종속되는 위계적 구조라기보다는, 바르트가 수평 구조라고 여길 만한—각 부분이 동등하게 늘어나는—것으로 드러났고 제시되고 있다. 이는 종속적이라기보다는 **병렬적이다**.)

바르트의 경우, 단상은 "짧게 터져 나오는 말"이거나 "도입부"다. 자신을 3인칭으로 칭하면서 바르트는 이렇게 언급한다. "그는 도입부를 찾아내고 쓰기를 즐기면서 이 즐거움을 두 배로 만드는 편이고, 그것이 그가 단상들을 쓰는 이유다. 단상들이 아주 많으면 도입부도, 즐거움도 아주 많아지는 것이다. (하지만 그는 결말은 좋아하지 않는데, 웅변적인 결구結句의 위험이 너무도 크기 때문이며, 그것은 마지막 말에 저항할 수 없으리라는 두려움이다.)"(《롤랑 바르트가 쓴 롤랑 바르트》)

주베르에게 단상은 아마도 부분적으로는 완벽할 만큼 명료한 글을 쓰는 한 방법이었을 것이다. "정확한 것은 언제나 짧다… 왜냐하면 외따로 떨어져 있는 것은 더 잘 보이기 때문이다." "명료해지려면 너무 길게 끌어서는 안 된다. 이 쓸 데없는 설명들, 이 끝없는 검토들은 일종의 기다란 창백함이고, 지루함으로 이어진다. 그것은 하나의 벽을 이루는 획일성이고, 기다란 빨래 한 점이다."(《조제프 주베르의 노트》)

주베르가 한 권의 책 속에 담긴 사유들을 묘사하는 방식

"8월 1일(불면의 밤). 나는 한 권의 책 속에서 사유들이 밤하늘의 별들처럼, 질서 있게, 조화롭게, 그러나 힘들지 않고 수월하게, 사이를 두고, 닿지 않고 뒤섞이지 않으면서 서로의 뒤를 잇기를 바란다."

메모

말라르메에게 단상은 메모다. 그는 자신의 아이가 죽어가고 있을 때 로베르 드 몽테스키우에게 쓴 편지에서 그것들을 "급히 쓴 몇 개의 메모", 불가능한 작품을 위한 메모라고 부른다. "위고는 (자기 딸의 죽음에 대해) 말할 수 있어서 행복했을 거예요. 내게 그건 불가능한 일입니다."(《아나톨을 위한 무덤》)

'단상'에 대한 조금 더 일반적인 정의, 다시 말해 내가 오래된 것이든 새것이든 '단상'을 떠올릴 때 무엇을 떠올리는지에 대해 마침내 알게 된 바가 있다면 '침묵, 생략, 축약과 함께 작동하면서 무언가가 빠져 있다고 알려주는 텍스트, 그러나 완전한 경험의 효과를 지니고 있는 텍스트'일 것이다.

바르트가 단상을 묘사하는 방식

"단상은 연작 가곡의 악상과 같다… 각각의 부분은 자립 가능하지만 그러면서도 이웃해 있는 부분들에 딸린 작은 틈 말고는 결코 아무것도 아니어서, 그 작품을 이루는 것은 삽입물, 혹은 별쇄로 끼워 넣은 삽화hors-texte에 불과하다. 오직 말이 중단되는 것만 연속되는 상태에 무슨 의미가 있겠는가?" 그는 더 나아가 말한다. "단상에는 하나의 이상이 있는데, 그것은 사유나 통찰이나 진실이 아니라… 음악을 고도로 압축하는 것이다. '전개부'에 맞서는 것은 '음조'일 것이다… 여기서 지배적이어야 하는 것은 음색timbre이다."(《롤랑 바르트가 쓴 롤랑 바르트》)

주베르가 서로의 뒤를 잇는 사유를 묘사하는 방식

주베르 또한 음악에서 비유를 찾는다. "사유는 음악을 이루는 음들처럼 오직 관계—즉, 조화—를 통해서만 서로의 뒤를 잇고 서로 연결되어야 한다. 쇠사슬을 이루는 고리처럼이 아니라."(《조제프 주베르의 노트》)

모리스 블랑쇼는《조제프 주베르의 노트》에 발문으로 실린 에세이 〈주베르와 공간〉에서 주베르가 자신을 에올리언 하프에 비유한 것에 대해 다음과 같이 논평한다.

《조제프 주베르의 노트》에는 그가 자신의 여러 문제를 받아들이는 데 사용하는 이미지들이 모여 있다. "고백하건대 나는 에올리언 하프 같다. 아름다운 소리를 내지만 노래를 연주할 줄은 모른다." "나는 에올리언 하프다. 지금껏 바람 한 줄기도 내게 불어오지 않았다." 에올리언 하프는 마치 공간 자체가 변해서 된 악기이자 음악 같은데, 열린 공간의 규모와 연속성을 모두 지닌 악기이면서, 언제나 제자리를 벗어난 불연속적이고 자유분방한 소리들로 구성되는 음악이다. 노트의 다른 곳에서 주베르는 자신의 고찰에 난 틈들과 문장들을 중단시키는 여백들을, 자신이 제대로 공명하는 소리를 내기 위해 현들 속에 유지해야 하는 긴장으로, 이런 조화로부터 생기는 이완으로, 그리고 그가 "힘을 되찾고 자신을 다시금 다잡기" 위해 필요한 긴 시간으로 설명한다.

단상과 전체

'단상fragment'이라는 단어는 '전체'라는 단어를 암시한다. 단상은 전체의 일부인 것처럼, 전체에서 떨어져 나온 부분처럼 보일 것이다. 그렇다면 떨어져 나온 다른 조각들처럼 단상들 역시 충분히 모이면 전체가 될까? 혹은 어떤 새로운 전체, 이상적인 전체를 새롭게 만들어내게 될까? '단상'은 '잔해'와 마찬가지로 과거에 속하는 원래의 전체로부터 남겨진 무언가를 암시할 수도 있다. 횔덜린의 《단상들》에서, 그것들은 횔덜린의 머릿속 어딘가에 숨겨져 있는 광인이 쓴 시의 일부를 보여주는 유일한 부분들, 혹은 우리에게는 그 논리가 통하지 않는 어떤 논리적인 전체를 보여주는 유일한 부분들, 그에게는 전체를 이루는 것처럼 보이는 반면 오직 우리에게만 조각들로 보이는 조각들이다. 너무나 새로워서 우리의 사고방식을 변화시키는 것과, 너무나 새로워서 우리가 일관성 있는 사유나 한 편의 글로 알아볼 수 없고 작가에게는 보이는 연관성들을 볼 수 없는, 혹은 그런 연관성들이 있다는 사실조차 느낄 수 없는 것 사이의 경계는 아주 희미하기 때문이다. 혹은 그것들은 그에게 전체를 만들어내는 것처럼 보이고, 관점은 다르지만 우리에게도 결국에는 마찬가지로 전체를 만들어내는 것처럼 보이는 단상들이다.

혹은 말라르메가 자신의 죽은 아들을 위해 쓴 조각조각 나뉜 시들에서처럼, 단상은 어떤 예상된 전체, 어떤 미래의 전체로부터 남겨진 무언가(다시 말해 어느 날 다른 요소들과 함께 한데 맞춰져 전체를 만들어낼 조각들)이거나, 슬픔에 의해 산산조각난 이상적인 시의 조각들, 말이 되어 나온 슬픔의 비논리적인 표현들과 비슷한 조각들이다. 이 경우 말로 표현할 수 없다는 것은 슬픔의 가장 신뢰할 만한 표현인데, 말로 표현되지 않은 전체가 너무도 압도적이어서 조각난 말 말고는 아무 말도 할 수가 없는 것이다. 침묵 속에서 슬픔은 살아 있다.

무엇이 빠져 있는가

우리가 한 편의 글을 단상이라고 부를 수 있는 것은 글에서 무언가가 빠져 있는 것처럼 보일 때, 글이 갑자기 중단된다고, 혹은 어떤 중대한 요소가 결여되어 있다고, 더 나아갈 수 있는 곳에서 나아가지 않는다고 느낄 때, 혹은 글이 더 커다란 무언가의 일부처럼 보일 때다. 하지만 이는 우리의 독자로서의 기대에 달려 있다.

우리는 밀림 속에 있는 마야 문명의 잔해를 눈여겨보며 그것을 하나의 전체로 여길 수 있다. 그것은 한때 전체였던 무언가의 일부일 뿐이지만 말이다. 사원 전체가 원래 지어진 모습 그대로 존재했던 시대에 살면서 그곳을 드나들었던 마야인은 지금의 사원을 부서진 것으로 보겠지만, 우리의 경험 속에서 그것은 하나의 전체다. 그것이 우리에게 전체인 이유는 그것이 우리가 경험한 사원의 전부이기 때문이며, 그것이 우리에게 완전한 경험을 선사하기 때문이다. 그것이 잔해이고 부서져 있다는 걸 우리가 알아차리기는 하지만, 우리의 경험으로는 빠져 있는 것은 아무것도 없는 것이다. 이는 우리가 역사적으로나 형식상으로 '단상'이라고 인식하지만 우리에게는 하나의 전체인 글에도 해당되는 이야기다.

시인 윌리엄 브롱크는 1974년 마야인들의 어느 밀림 지역에 관해 쓴 산문집《신세계》에서 우리에게 무언가가 보이는 방식을 다음과 같이 조금 색다르게 묘사하고 있다.

우리는 우리에게 보이는 것을, 우리에게 어떤 설명도 주어지지 않았고 존재한 적도 없었던 것을 바라보고 있다. 우리에게 보이는 것은 새롭고, 그것이 보이기를 바란다면 우리는 그것을 새로운 무언가로 바라보아야 한다. 분명 무언가가 거기 있고 그것이 우리에게 보이는 것 같지만, 우리에게 보이는 것은 거기 있는 것이 아니다.

작품으로 만드는 일
단상을 의도하고 쓰는 작가에게 단상은 완전하고 본질적인 것이고, 그보다 많은 것은 필요하지 않고 그보다 적은 것으로는 만족할 수 없는 것이다. 이것은 어떤 독자들에게도 해당되는 이야기지만 모든 독자들에게 해당되는 이야기는 아니다. 그러므로 다른 경우와 마찬가지로 이 경우에도, 작가가—재료를 읽고 받아들이는 주체로 행동하면서—작품의 가능성을 보고 그것을 써내 자신에게 글로 쓰인 한 편의 작품이 되게 한 것처럼, 작품의 가능성을 보거나 보지 못하면서 작품을 만들어내는 또 하나의 주체는 독자이다.

200년 전에 쓰인 단상들의 저자들은 그것들을 완전한 작품으로 여기고 쓰지 않았지만, 우리는 그것들을 완전한 작품으로 볼 수 (즉, 읽을 수) 있다.

주베르, 횔덜린 혹은 말라르메는 단상들을 작품으로 의도하고 쓰지 않았지만 우리는 그것들을 작품으로 읽을 수 있다. 좀 더 현대에 속하는 작가인 바르트는 자신의 단상들이 하나의 작품을 이루기를 의도했고, 그것들 속에서 합당하거나 유용하거나 수월한 형식을 알아보았다.

우리는 어떻게 보는가

다음은 바르트가 17세기 페르시아의 어느 미술 작품을 모사하려는 자신의 시도를 묘사한 글이다. "나는 그림을 모사하고, 순진한 태도로 세부와 세부를 연결한다. 그런데 거기 뜻밖의 '결론들'이 있다. 알고 보니 기수의 다리가 말의 앞가슴받이 바로 위에 얹혀 있다거나 하는 식으로."(《롤랑 바르트가 쓴 롤랑 바르트》) 그가 이 그림을 모사하는 것은 그가 (분명 그림을 본 다음 모사하는 과정에서) 그것을 보았던 방식을, 혹은 적어도 그것을 보았던 방식 가운데 하나를 충실히 표현하는 것이다.

우리는 전체가 아니라 부분들을 본다. 우리는 우리가 전체들 사이에서 살고 있고 전체들을 인식하고 있다는 환영에 익숙하며, 아마 그런 환영이 필요하기도 할 것이다. 우리는 우리가 등불의 이쪽 면만큼이나 반대쪽 면도 보고 있다거나, 이쪽 면이 존재하는 것의 전부라고 (다시 말해 이쪽 면이 그것의 전체라고) 생각할 필요가 있는지도 모른다.

  글의 주제가 될 수 있는 대단히 잡다하고 임의적인 것들에 어떤 특수한 질서든 부여하는 일은 또 다른 질서가 될 수 있는 것을 반박하거나 왜곡한다. 한 편의 글은 더 완전할수록—여기서 '완전'하다는 것이 더 온전하고 자세히 말해지고 더 세밀하다는 것을 뜻한다면—더 한정적이고, 더 많은 것을 배제하며, 그러므로 더 불완전하다고 말할 수 있다. 내용에 밀도가 있고 온전하고 분명한 말로 표현된 헨리 제임스의 장편소설 역시 불완전하다. 마르그리트 뒤라스의 두 편의 작품《연인》과《전쟁》은 짧은 부분들로 나뉘어 쓰여 있고 그 부분들이 언제나, 혹은 직접적으로 명백한 연결고리를 갖고 있지는 않은 것처럼 보이기 때문에 파편화된 인상을 준다. 그 부분들은 한데 모여 커다란 하나의 그림을 이루지만, 그 그림은 부분들 사이에 있는 단절이나 틈 때문에 불완전해 보인다. 그러나 그 어떤 완전한 그림도 일종의 환영이다. 완전함이 덜해 보이는 그림은 환영처럼 보이는 정도도 덜하고, 그러므로 역설적으로 더 현실감이 있다.

바르트가 자신의 형식에 이르는 방식

  파편화된 작품들(《텍스트의 즐거움》《사랑의 단상》《롤랑 바르트가 쓴 롤랑 바르트》)에서 바르트의 (형식상의) 접근법: 그는 어떤 텍스트, 친구들과의 대화, 다른 텍스트에 대한 친구들의 설명으로부터 자극을 받고, 이것들을 자신의 사유를 발전시키는 과정에서 영감이나 격려로 사용하는데, 이는 많은 독자들과 사상가들이 하는 일이다. 그다음에 그가 하는 그리 평범하지 않은 일이 있다면, 글로 쓰이고 출간되는 이 작품에 이 과정이 반영되게 하는 것이다. 여기서, 물리적으로 분리된 '항목들' 속에서 바르트는 각각의 영감이 그 자체의 사유를 만들어내도록 허용하는데, 그 사유 속에서 영감은 그것에 대한 그의 반응으로 흡수되고 통합된다.

물론 바르트의 읽기는 그의 관심사에 좌우된다. 그리고 여기서 나는 '읽기'에 두 가지 의미를 담고 있다. 바르트가 읽기로 선택하는 내용, 그리고 그가 그것을 읽거나 해석하기 위해 선택하는 방식(다시 말해 그가 그것 안에서 보는 것). 그의 견해는 편파적인, 그 자신의 편애가 담겨 있는 견해다.

단상들의 배열(순서)

바르트는 자신의 단상들을 주제별로 분류해 사랑에 대한, 혹은 자기 자신에 대한 한 권의 책에 담는다. 주제별로 분류한 단상들로 만들어진 이 책에서, 그는 단상들을 알파벳 순서대로, 혹은 《사랑의 단상》에서 말하듯 "의미의 유혹을 저지하기 위해" 알파벳 순서를 따르되 그 순서에서 벗어나는 부분들이 있도록 배열한다.

일기나 일지에서, 아마도 대부분 작가들의 노트 속에서,

단상들은 논리적으로나 주제별로가 아니라—가끔씩 어떤 집착이 며칠이나 몇 주에 걸쳐 계속되거나 반복될 때를 제외하고는—시간 순서대로 배열될 것이다. 우리의 정신 역시—어쨌든 대부분의 시간에—논리적으로가 아니라 연상 작용에 의해 연결된, 임의적이고 잡다하며 자꾸만 반복되는 일련의 생각들을 떠올리는 것처럼 말이다. 우리의 일기, 우리의 선별된 생각들은 때로는 논리적으로, 때로는 연상 작용에 의해 연결된다. 그것들이 우리의 생각들을 면밀히 기록한 것이라면, 혹은 우리가 예전에 써둔 하나의 항목을 읽고 마음이 움직여 거기서 생겨난 또 다른 항목을 쓰게 된다면 말이다. 하지만 그것들의 배열은 다른 무엇보다도 시간 순서에 따른다. 우리의 삶이 시간 순서대로 배열되어 있기 때문이다. 다른 어떤 종류의 순서도 없다면 우리의 삶은 시간 순서대로 되어 있다.

우리의 삶은 서사의 가능성 또한 품고 있다. 사람들은 정말로—심지어 작가들보다 작가가 아닌 사람들이 더 자주 그러는데—자신의 삶이라는 재료에서 의미 있고 단 하나뿐인 서사를 추출하고, 바르트가 사랑의 일화들에 대해 말하듯 "언제나 인과관계나 목적성에 따라 해석할 수 있고 심지어 필요하다면 거기서 교훈을 끌어낼 수도 있는 방식('내가 정신이 나갔었지만 이제는 그렇지 않다' '사랑은 이제부터는 피해야만 하는 덫이다'와 같은)"으로 그것들을 드러낸다.

(바르트는 또한 그런 서사를 마치 하나의 질병처럼 묘사한다. "그것은 생겨나고, 진행되고, 고통을 유발하고, 그런 다음 사라진다.")

현실 속에서 임의적이고 이질적인 재료들과 뒤섞여 있는 일련의 사건들에 이런 일관적인 질서를 부여하는 것은, 거기에 '의미'를 부여하는 것은, 물론 바르트가 말했던 '왜곡'이다. 어떤 사람은 자기가 보고 듣는 경향이 있는 것들을 보고 듣고, 자신의 편견에 맞춰 해석하며, 또 다른 사람은 똑같은 재료를 보고도 다른 이야기를 할 것이다. 우리는 오직 한쪽 면만을 본다.

일기

바르트는 말한다. "산산이 부서진 담론, 파괴된 논설이라는 알리바이를 지니고 우리는 단상을 규칙적으로 연습하기에 이른다. 그러고는 단상으로부터 '일기'로 미끄러져 들어간다. 이 모든 과정 가운데 '일기'를 쓴다고 할 수 없는 지점은 어느 지점인가?"(《롤랑 바르트가 쓴 롤랑 바르트》)

일기 혹은 작가의 노트는 작가의 정신이 부분적으로 외면화된 형태다. 우리가 무언가를 읽는 도중에 그때까지 읽은 것을 잊지 않기 위해 노트 안에든 바깥에든 메모를 하면, 그 메모들이 우리 기억의 외면화된 형태가 되는 것처럼 말이다.

나의 또 다른 정신, 내가 가끔씩 아는 것들, 내가 전에 알

앗던 것들로서의 나의 일기. 나는 내 또 다른 정신에게 자문을 구하고, 내가 지금은 어떤 것을 알지 못하지만 전에는 그것을 알고 있었음을 깨닫게 된다. 그것은 거기, 나의 또 다른 정신 속에 있다.

바르트는 자기중심적이다

바르트는 문자 그대로의 의미에서 자기중심적이다. 그는 스스로를 중심에 두고, 자기 내면에 중심을 두며, 그 사실을 노골적으로 시인하고, 이용하고, 행동에 옮기고, 그것에 동화되고, 그렇게 함으로써 그 사실로부터 그리고 그 자신으로부터 역설적인 종류의 거리를 획득한다. 그에게는 그 자신이 그가 검토하는 다른 대상들만큼이나 관심의 대상이 된다. 무언가를 이해하는 도중의 그 자신의 정신은 그를 매혹시킨다. 사실 주베르가 그러듯 바르트 또한 가끔씩 자기 자신을 3인칭으로 언급한다면, 아마도 그는 바로 그럴 때 가장 노골적으로 자기 자신을 자신의 관심 대상으로 취급하고 있을 것이다.

완성되지 않은 것

바르트는 자기 자신을 3인칭으로 언급한다. 한편 카프카는 일기 속에서 자기 자신을 다른 누군가로 표현하고 자신이 실제로 처해 있는 상황을 과장하고 극적으로 보이게 하는 방식으로 단편소설의 도입부를 만들어낸다. 이 두 가지는 어떻게 다를까? 카프카가 일기 속에 쓰기 시작한 이런 단편소설 중 대다수는 더 나아가지 않고 미완성인 상태로 남아 있다. 하지만 카프카의 일기 속에 쓰인 미완성 단편소설은 바르트의 "짧게 터져 나오는 말들"에 담긴 이야기보다 얼마나 더 미완성인 상태일까?

그것은 우리의 기대와도 관련이 있지 않을까? 만약 우리가 보통의 일기 속에 담긴 비서사적인 진술이 계속되기를 기대하지 않는 것처럼 일단 시작된 카프카의 서사도 계속되기를 기대하지 않았다면, 우리는 그 소설을 심지어 미완성이라고 여기지조차 않았을 것이다. 하지만 카프카에게 그것은 하나의 목적에 부합했고, 하나의 충동을 만족시켰으며, 더 이상 아무것도 덧붙여질 필요가 없는 것이었다.

완성하지 않는 일의 즐거움 혹은 괴로움

최근 나는 사르트르의 정치적인 글들에 대한 어느 짧은 기사를 읽었는데, 그 기사에서—이름이 기억나지 않는—글쓴이는 사르트르에게 미완성 작품이 많은 것은 아마도 그가 결론에 도달하는 일의 만족감이 아니라 글쓰기 자체의 즐거움을 위해서 글을 썼기 때문일 거라고 주장했다. 이는 바르트가 글을 쓰기 시작하는 일을 사랑하는 마음에 대해 했던 말과 어딘가 공통점이 있어 보인다. 반면 카프카는 어떤 글들은 완성시킬 수 없어서 매우 고통스러워했던 것 같다. 죽기 4년 전, 그는 일기에 이렇게 썼다. "끝도 없이 글을 시작해야 한다는 비참함, 무언가가 도입부보다 더 있다는 환상, 심지어는 도입부만큼은 있다는 환상조차 없는 상태, 이것을 알지 못하는 사람들의 어리석음."(1921년 10월 16일, 《일기 1914-1923년》) (물론 이것은 내가 위에서 했던, 카프카에게 단편소설의 도입부는 그 이상의 무엇도 덧붙일 필요가 없는 것이었다는 말과 모순되지만, 카프카의 머릿속에는 단편소설이 진행될 거라는 기대가 있었다.)

주베르는 글을 완성하는 법을 모른다는 이유로 자책을 하거나 친구들로부터 비난받는다. 그는 자신의 노트에서 이렇게 대답한다. "완성한다니! 그게 무슨 말인가. 우리는 글을 멈출 때, 글의 결말에 다다랐다고 우리가 말할 때 아무것도 완성하지 않는다."(《조제프 주베르의 노트》) 글을 시작하기도 전에 이미 끝내놓은 상태라는 이유로 비난받자 그는 말한다. "마지막 말이 언제나 먼저 떠오르는 말일 때, 작업은 어려워진다."

완성되지 않은 것

나는 언제나 《마담 보바리》보다는 《부바르와 페퀴셰》가 더 흥미로운 작품이라고 느꼈다. 《부바르와 페퀴셰》에서 내게 매력적이었던 것은 그 작품이 몰두하는 것(주제, 즉 부조리의 극단까지 치닫는 독학자의 충동)과 인물들—로렐과 하디 같은, 혹은 베케트적인 한 쌍으로 중성적이거나 정말로 성별이 없는 두 남자, 감정은 타고났지만 섹슈얼리티는 타고나지 않은 남자들(수십 년 전에 읽은 책이라 이것은 부정확한 인상일 수도 있다), 공격적이지 않으면서도 적극적이고, 자신들이 추구하는 것에 있어서는 열정적이기까지 한 사람들(다시 말해 순수한 사람들? 꾸밈없는 사람들?)—뿐 아니라 책의 형식이기도 했다. 그 형식은 수직적이기라기보다는 수평적(혹은 종속적이라기보다는 병렬적)이다. 그것은 일화들과 노력들, 계획들의 끝없는 연속이며, 논리적으로는 아주 허약하게만 연결된 연속이자, 목적성이나 인과관계가 그 본질에 속하지 않기 때문에, 또한 플로베르가 그 책을 실제로 미완성으로 남겨두었기 때문에 실제로는 어떤 논리적 귀결도 없는 연속이다. 이 경우 우리는 몇몇 다른 경우에서와 마찬가지로, 이것이 형식적으로 허용될 수 있다는 것이 바로 그 본질에, 작품을 미완성이 되게 하려는 바로 그 기획에 어울리는 것일 수도 있다고 말할 수 있지 않을까?

프랑크푸르트 에디션

리처드 시버스는 횔덜린의 《찬가와 단상들》의 서문에서 단상을 읽는 조금 다른 방식을 제안하는 하나의 판본을 설명한다. 이 판본은 어떤 단상이든 읽는 데 있어 하나의 패러

다임이 될 수 있는 방식으로 독자를 텍스트에 관여하게 하자고 제안한다. 즉, 독자를 초대해 단상에 존재하는 혼란과 생략과 축약 속에서 적극적인 역할을 하게 하자고 제안하는 것이다.

"횔덜린의 지난 판본들이 편집자가 하는 작가적인(그리고 권위주의적인) 역할을 어느 정도 감추고 있었던 반면에" 시버스는 이렇게 말하고 다음과 같이 이야기를 이어간다.

> D. E. 새틀러의 지휘하에 현재 작업 중인 이른바 프랑크푸르트 에디션은 독자를 초대해 텍스트의 생성에 참여하게 함으로써 전통적인 횔덜린 연구의 군주적인 절차들에 도전한다. 새틀러는 우선 사진으로 찍은 원고를 보여주고, 그다음으로는 원본의 공간적 배열을 그대로 옮긴 사본을 보여준다. 이 사본에 다시금 이어지는 것은 '단계 분석'인데, 그 페이지의 공간적 배열을 시간의 연속으로 전환하고, 그 시간의 연속에 포함된 집필의 다양한 단계들을 서로 다른 서체로 보여주는 것이다. 오직 이 과정의 마지막이 되어서야 그 시의, 혹은 '읽기 자료'의 인쇄된, 잠정적인 형태가 마침내 모습을 드러낸다.
> 그렇다면 이 새로운 프랑크푸르트 에디션에서 도출되는 것은 원문대로 만들어진 무기력한 가공품이라는 하나의 폐쇄적인 정전이 아니라, 진행 중인 시들의 지도를 만드는 과정

일 것이다… 이 판본은 횔덜린의 텍스트들을 대상이라기보다는 사건으로, 결과물이라기보다는 과정으로 제시함으로써 독자를 수동적인 소비자에서 시의 탄생에 적극적으로 참여하는 주체로 바꿔놓으며, 그러면서도 동시에 독자와 작가 양쪽 모두의 작업이 지니고 있는 성격에, 즉 본질적으로 하나의 사료史料를 만들어내는 성격에 주의를 집중시킨다.

모차르트의 〈레퀴엠〉의 연주일 수도 있었던 것

플로베르가 《부바르와 페퀴셰》를 완성하기 전에 세상을 떠난 것처럼 모차르트도 〈레퀴엠〉을 완성하기 전에 세상을 떠났다. 이 작품이 프랑크푸르트 에디션의 접근법과 비슷한 방식으로 연주되었다면 어땠을까? 오케스트라가 정말로 모차르트가 악보에 남겨놓은 대로, 어떤 부분은 온전히 구현되고 다른 부분은 암시만 되어 있는 대로, 완성된 마디가 군데군데 있고, 하나의 악기로 단독 주제가 연주되다가 갑작스럽게 중단되어버리는 상태 그대로 그 곡을 연주했다면 말이다. 그 연주는 말라르메의 중단된 시들, 시를 쓰기 위한 그의 메모들과 얼마간 같은 효과를 낼 수 있을까? 다시 말해, 침묵 속에서 우리 귀에 슬픔이 들려올까? 우리는 그 메모들과 단어들에 의해서만큼 잘, 혹은 그만큼이나 많이, 침묵에 의해서도 마음이 움직이게 될까? 이는 다른 방향으로부터 돌아와 실은 같은 것을, 이 단상들을 타당한 형식으로 간주

할 수 있는지를 묻고 있는 것이라고 할 수 있지 않을까?

어눌함이 실패가 아닐 때

바르트는 "비논리가 왜곡하는 질서보다는 낫다"고 말함으로써 자신이 일찌감치 단상이라는 형식을 선택한 것을 정당화한다.(《롤랑 바르트가 쓴 롤랑 바르트》) 말라르메의 경우, 사실상 말할 수 없는 슬픔을 드러내는 일에 있어서는 어눌함이 분명한 표현보다 나아 보였을지도 모른다. 그는《아나톨을 위한 무덤》에서 다음과 같이 쓴다.

그건 사실이야
네가 나를 무너뜨려 왔고
너는 네 상처를
주의 깊게 골라 두었으리라는 것—
—기타 등등
—하지만
—
그리고 복수
영혼과 죽음 사이의
몸부림

영어판 번역본의 서평자인 세라 화이트는 말라르메의 정

신이 "초월을 향해 더듬거리며 나아가다가 슬픔과 불만 속으로 빠져버리는 정신"이라고 썼다. 말라르메는 초월하는 데 실패했고, 슬픔 속에 그대로 남았으며, '메모들' 역시 슬픔 속에 그대로 남았다. 메모들은 영감을 주는 주제에 대한 작가의 감정을 가장 직접적으로 표현한 것, 가장 면밀한 반영이 되고, 작가의 말더듬이 된다. 또한 작가의 말더듬을 목격하는 독자는 그의 슬픔에 대한 증인일 뿐 아니라 그의 과정에 대한, 그의 정신의 작동 방식에 대한, 그의 정신에 대한, 즉 우리가 그의 글쓰기의 근원으로 여길 수 있는 무언가에 가까운 것에 대한 증인이기도 하다.

'기타 등등'과 독자에게 보내는 초대

주베르가 자신의 노트 속 글들이 결국 완성된 작품이 될 거라고 여기지 않았듯, 말라르메 역시 자신의 '메모들'을 완성된 작품, 출간할 수 있는 작품으로 여기지 않았다. 그 글들이 완성된 작품이 된다고 생각하며 읽는 사람들은 지금의 우리다. 새러 화이트는 또한 이렇게 지적한다. "제자리에서 벗어난 문장 구성, 극단적인 생략, 그리고 기이한 도표의 배치라는 취미가 있기는 했지만, 말라르메는 '기타 등등'이라는 축약형이 들어간 시는 절대 공개하지 않았을 것이다."

'기타 등등'은 생각하는 과정과 글을 쓰는 과정을 보여주는 기호다. '기타 등등'은 작가가 자기 자신에게 보내는, 자신에게는 너무나 명백해서 자세히 쓸 필요가 없는 나머지 사유나 연관된 내용을 일깨워주는 메모 속의 메모다. 독자에게 공개된 작품 속의 '기타 등등'은 독자를 증인으로, 글쓰기의 행위라는 과정을 조금 더 면밀하게 지켜보는 증인으로 초대한다. '기타 등등'은 그 사유를, 연관된 내용을 완성시켜 달라고 독자를 초대하거나 독자에게 요구한다. '기타 등등'은 작가와 독자 모두 이 내용이 어떻게 계속되는지 알고 있다고 말한다. '기타 등등'이라는 말라르메의 말은 그가 출간을 의도한 것은 아니었지만 이제 출간되어 있고, 시에서 '기타 등등'이라는 말을 찾아내는 일이 낯설지 않은 독자들에게 읽히고 있다. 작가는 이 단상들을 작품으로 의도하지 않았지만, 우리 독자들은 그것들을 작품으로 읽음으로써 작품으로 만든다. 작가가 작품으로 여겨지지 않았던 하나의 텍스트를 취하고, 그것을 혹은 그것의 일부를 자신의 작품 속에 베껴 씀으로써 한 편의 작품을 만들어내기도 하듯이 말이다. 이런 방식은 글쓰기나 고쳐 쓰기나 재배치하기에 의한 읽기의 한 방식, 작가의 손에서 너무나 능동적인 것이 되어 일종의 글쓰기로 변하는 읽기의 한 형태다.

중단
미완성 작품은 우리의 주의를 의미나 메시지 전달자로서의 작품보다는 만들어지는 것으로서의 작품, 혹은 과정으로서의 작품에 쏠리게 하는 경향이 있지 않은가? 어쩌면 이것이 텍스트의 즐거움이나 흥미로움을 더해주는 게 아닐까?

작품을 갑자기 멈추거나 혼란스럽게 만들거나 실제로 미완성 상태로 남겨둠으로써 일어나는 중단은, 그것이 우리의 기대에 대한 중단이든, 혹은 작품 자체의 매끄러운 표면에 일어나는 중단이든 간에, 의미와 감정과 분위기의 보이지 않는 공급자로서의 작품보다는 만들어지는 것이나 대상으로서의 작품을 전면에 내세운다. 작품에 일어나는 지속적인 중단, 즉 파편화 또한 독자를 현실 세계로, 그리고 독자 자신의 작동 중인 정신이 담긴 의식으로 돌려보내는 일을 계속한다.

두 종류의 읽기

우리의 주의가 만들어지는 것이나 과정으로서의 텍스트에 쏠린다면 텍스트의 즐거움이나 흥미로움이 더해질 수도 있을 것이다. 하지만 읽기라는 행위에는 무슨 일이 일어날까?

나는 텍스트에 따라 달라지는, 내가 책을 읽는 적어도 두 가지의 다른 방식을 거칠게나마 식별할 수 있다. 《안나 카레니나》는 어느 정도 스티븐 킹의 《저주받은 천사》를 읽은 것과 비슷한 방식으로 읽었는데, 만들어지는 것으로서의 텍스트가 더 이상 보이지 않게 되고, 텍스트 자체가 보이지 않게 되고, 나 자신—생각하고 있는 나의 정신, 식별하고 있는 나의 정신—또한 보이지 않게 된다는 의미에서 그렇다. 그럴 때 나는 어떤 종류의 영화들을 보면서 넋을 잃듯 넋을 잃는데, 텍스트가 제공하는 환상은 완벽하고, 허구는 나 자신보다 더 현실적이기 때문이다. 내가 아는 사람들 중에는 이런 식으로 넋을 잃는 걸 좋아하지 않아서 절대 그러지 않는 사람들도 있는데, 그들은 영화를 보는 동안 비평적으로 깨어 있다. (다시 말해 생각하고 있는 자신의 정신을 의식하고 있다.) 그리고 그들 중 일부는 소설은 읽고 싶어 하지 않는다.

내가 텍스트를 읽는 또 하나의 방식은 텍스트 자체가 내게 보이고 존재하는 상태로, 그 언어나 형식, 혹은 언어와 형식 둘 다에 의해 흥미로움의 대상으로 남아 있는 작품을 읽을 때의 방식이다. 그리고 이럴 때는 나 또한 나 자신에게 존재하는 상태로 남아 있다. (다시 말해 내가 나 자신의 생각들을 의식하고 있는 것이다.)

읽기의 이런 두 가지 방식 중에서, 나는 오래전에 《마담 보바리》는 전자의 방식으로, 《부바르와 페퀴셰》는 후자의 방식으로 읽었다. 《마담 보바리》의 이야기에 넋을 잃고 몰두하는 것이 한 가지 즐거움이었다면, 《부바르와 페퀴셰》의 형식에 적극적으로 관여하는 것은 또 다른 종류의 즐거움이었다. 한 걸음 더 나아가 내가 《마담 보바리》를 읽을 때는 플로베르의 정신이 내게서 조금 더 멀리 있는 것처럼 보였고—아니면 정말로 멀리 있었나?—《부바르와 페퀴셰》를 읽을 때는 내 정신이 플로베르의 정신과 마주쳤다고 말할 수도 있을지 모른다. 플로베르 자신은 《마담 보바리》에서보다 《부바르와 페퀴셰》에서 존재감이 더 강했다. 영화 비교로 돌아오자면, 그 안에서 텍스트가 사라지는 문학 작품—내게는 《마담 보바리》—을 영화화하는 것이 텍스트가 흥미로움의 대상으로 내세워지는 문학 작품을 영화화하는 것보다 더 쉬울 거라고도 상상할 수 있다.

단상의 관대함

블랑쇼가 주베르에 대해 한 또 다른 말을 옮겨본다. "그가 추구하고 있는 것은—글쓰기의 이런 근원은, 그 안에서 글을 쓸 이런 장소는, 공간 속에 국한시켜야 할 이런 빛은—그를 일반적인 의미에서의 모든 문학 작업에 부적합하게 만들었다."(《조제프 주베르의 노트》) 혹은 주베르가 자기 자신에 대해 말했듯 "계속되는 담화에 어울리지 않게" 만들었다. 블랑쇼는 이야기를 계속하며 주베르가 "구체球體보다는 중심을 선호했고, 결과물을 희생시켜 그런 결과물을 만들어 내는 조건들을 발견했으며, 차례차례 책들을 만들어내기 위해 글을 쓰는 것이 아니라 자신에게는 모든 책이 생겨나는 것으로 보이는 그 지점의 주인이 되기 위해 글을 썼다"고 말한다.

 작품으로 의도되었든 그렇지 않든 간에, 이 단상들의 특징은 다른 형태의 완성된 작품들보다 조정이 덜 된 (다시 말해 정말로 그렇든 겉보기에 그렇든 그것들을 쓰는 행위의 근원에 더 가까운, 겉으로 보기에 더 들쑥날쑥하고 거칠며 정제되지 않은, 글쓰기의 과정을 더 많이 드러내 보이는, 작가의 사유를 이루는 원자료에 더 가까운) 것이라고 말할 수 있다.

 하나의 작품이 조정이 덜 되어 있을수록, 독자는 작품이 만들어지는 과정에 어떤 의미에서는 더욱 개인적으로, 더욱 사적으로, 더욱 면밀하게 관여하고 있다고 느낀다. 그리고 독자가 작품의 창조에 더 많이 참여하거나 참여한다고 느낄수록 그곳에서 작품의 관대함이 그리고 겸허함이 생겨난다.

의심에 대한 대답으로서의 형식

 글쓰기에 대한, 혹은 기존의 형식에 대한 의심이나 불안이나 불만족은 새로운 형식을, 어떤 식으로든 우리의 기대를 뛰어넘거나 우리를 놀라게 하는 형식을 창조함으로써 그런 의심들을 형식상으로 통합하는 결과를 가져오기도 한다. 반면 낡은 형식, 전통적인 형식의 반복은 욕망이나 충동의 결여를, 혹은 그런 형식에 의심을 품거나 불만을 느끼지 않는다는 것을 암시한다.

의도적으로 단상이라는 형식을 가지고 작업한다는 것은 작업 과정에서 블랑쇼라면 글쓰기의 근원이라고 부를 만한 곳, 구체보다는 중심인 곳 더 가까이에서 작품을 멈추는 일, 혹은 멈추는 것으로 보이는 일로 볼 수 있다. 그것은 글쓰기의 과정에 대한 하나의 질문을 형식상으로 통합시키는 일, 그 형식 자체로 통합시키는 일로 보이기도 한다.

 그것은 쓰인 글이 그 글의 대상을 대체해버리는 것을 목격하게 된다는 철학적 문제에 대한 하나의 대답으로 볼 수 있다. 만약 우리가 우리의 대상을 아주 조금만 재현한다면, 혹은 오직 엉망으로, 어설프게, 말이 안 되는 방식으로 재현한다면, 그렇다 해도 우리는 그것을 파괴한 게 아닐 것이다. 우리는 그것에 대해 쓴 것이고, 그것을 쓴 것이며, 동시에 그것이 계속 살아가도록, 우리가 생략한 것들 속에서, 우리의 침묵 속에서 계속 살아가도록 허용해준 것이니까.

(1986)

좋은 글쓰기 습관을 위한
30가지 조언

다음은 그저 나의 개인적인 조언들이다. 다른 누군가의 조언과는 일치하지 않을 테고 당신의 삶이나 습관에는 맞지 않을 수도 있겠지만, 어쩌면 무언가 유용한 것을 얻을 수 있을지도 모른다.

1. 규칙적으로 메모하라. 그러면 관찰력과 표현력 둘 다 날카로워질 것이다. 생산적인 순환 고리도 만들어질 것이다. 즉, 당신은 메모하는 습관을 통해 필연적으로 더 많은 것을 관찰하게 될 것이고, 더 많은 것을 관찰하면서 메모할 것이 더 많이 생길 것이다. 여기 내 노트에서, 그리고 오스트리아 소설가인 페터 한트케가 노트에 쓴 글을 골라 묶은 《세상의 무게》에서 가져온 몇 가지 예가 있다. 유용한 본보기가 될 다른 노트로는 카프카의 노트와 화가인 들라크루아의 노트가 있다.

당신 자신의 활동을 관찰하라.

내 노트에서:
a. "나는 재미있는 새 메일이 오기를 계속 바라지만, 똑같은 메일 제목만 보고 있는 것도 이제 몇 시간째다. '중고 구보타 트랙터 팝니다.'"
b. "계속 고양이 오줌 냄새가 나는데도 그게 어디서 나는 건

지 못 찾다가 이제야 고양이 오줌을 찾아냈다. 바로 내 코끝에 묻어 있었다!"

페터 한트케의 노트에서:
c. "누군가가[어떤 모르는 사람이] 무언가를 떨어뜨리자 나는 주머니에서 손을 꺼내지만, 내가 하는 일이라곤 그게 다다."

당신 자신의 감정들을 관찰하라. (하지만 지겨울 정도로 오래는 말고.)

페터 한트케의 노트에서:
a. "두 눈이 엄청나게 튀어나온 어떤 여자를 보자 내 짜증은 사라졌다."

내 노트에서:
b. "페터 빅셀의 단편소설들에 대한 내 반응 가운데는 사랑의 감정도 있는 것 같다. 그 소설들은 사랑을 하는 이야기들로 보인다. 그 이야기들은 내 안에서 하나의 감정(사랑)을 불러일으키고, 그러면 나는 다른 것들에 대한 반응 속에서도 그 감정을 더 잘 느끼게 된다.

다른 존재들의 행동을 관찰하라. 동물과 인간 모두.

내 노트에서:
a. (현관 통로 유리문 앞에서) 조그만 고양이가 몸을 웅크리고 두 귀를 납작하게 만든다. 바깥에서 빙빙 도는 낙엽들에게 발각되지 않으려고.
b. 저기 나무 밑에서 할아버지가 접이식 우산을 손보고 계신다.
c. 검은 머리, 검은 눈을 한 저 아주 잘생긴 젊은 남자는 크림색 여름 정장에 흰 셔츠를 입은 자신이 얼마나 멋진지 보여주기 위해 열차 통로를 수도 없이 오르락내리락 걸어 다니고 있다. 그는 우리 모두가 자신을 봤다는 확신이 들 때까지 오르락내리락 걸어 다니기를 계속할 것이다.

(이 경우, 관찰은 심지어 내가 글을 쓰는 바로 그 순간에조차 이미 그것 이상의 무언가로 변해 있는데, 내가 그 남자에 관해 상상한 혹은 상상하는 척할 수 있는 무언가를 덧붙이고 있기 때문이다.)

날씨를 관찰하되 구체적으로 관찰하라.

내 노트에서:

a. 어제는 강풍이 불어 여자들의 긴 머리가, 여자들의 긴 치맛자락이, 나무들의 꼭대기가 날렸고, 테이블에 앉아 저녁을 먹던 사람들의 무릎에서 야외용 냅킨이, 접시에서 상추가, 접시에서 파이의 얇은 조각들이 인도로 날아갔다.

b. 날씨와 정확함에 관해서는 《미리엄 웹스터 대학생용 사전》에 실려 있는 보퍼트 풍력 계급표를 여기에 옮겨본다. 바람의 세기를 0에서 12까지의 수로 표시한 계급표다. 이 표의 출처는 '그저' 한 권의 사전이지만, 그 구체성과 사전에 실린 훌륭하고 명료한 언어 때문에, 그리고 계급표상으로 점점 세지는 바람의 힘이 사실을 건조하게 담은 설명에도 불구하고 극적으로 변하기 때문에 이미지가 강렬하다.

보퍼트 수치	명칭	풍속 (m/s)	설명
0	고요	0~0.2	고요: 연기가 수직으로 올라감
1	실바람	0.3~1.5	풍향은 연기로 알 수 있지만 풍향계는 움직이지 않음
2	남실바람	1.6~3.3	바람이 얼굴에 느껴짐. 나뭇잎이 바스락거림. 풍향계가 움직임
3	산들바람	3.4~5.4	나뭇잎과 작은 가지가 끊임없이 움직임. 깃발이 가볍게 날림
4	건들바람	5.5~7.9	먼지가 일고 종잇조각이 흩어짐. 작은 가지가 움직임
5	흔들바람	8.0~10.7	잎이 달린 작은 나무 전체가 흔들리기 시작함. 강이나 호수에 물마

			루가 있는 잔물결이 일어남
6	된바람	0.8~13.8	큰 가지가 움직임. 머리 위의 전선이 윙윙거림. 우산을 쓰고 있기 어려움
7	센바람	13.9~17.1	나무 전체가 흔들림. 바람을 맞으며 걷기 어려움
8	큰바람	17.2~20.7	작은 나뭇가지가 부러짐. 달리는 자동차의 방향이 꺾임
9	큰센바람	20.8~24.4	건물에 가벼운 피해가 생김. 지붕 널이 날아갈 수 있음
10	노대바람	24.5~28.4	나무뿌리가 뽑힘. 건물에 상당한 피해가 생김
11	왕바람	28.5~32.6	광범위한 피해가 생김
12	싹쓸바람	32.7~	광범위한 피해가 생김

여담이지만, 나는 스물다섯 살에 손에 넣은 뒤로 끊임없이 찾아본 이 사전에 실린 바로 그 꼼꼼한 정의들로부터 명료하고 정확한 산문을 쓰는 일에 대해 무언가를 배웠다고 확신한다.

다른 유형의 행동을 (지방자치단체의 행동도 포함해서) 관찰하라.

여행 도중의 내 노트에서:
a. 1875년에 일어난 생시프리엥 홍수의 희생자들을 기념하

기 위해 시 당국이 세운 것은… 분수였다.

(나는 노트에서 이 문장을 고쳐 썼다. 전치사구의 연속을 피하기 위해 순서를 조금 바꾼 것이다. 원래 문장은 다음과 같았다. "1875년에 생시프리엥에서 일어난 홍수의 희생자들을 기념하기 위해 시 당국이 세운 것은… 분수였다." 이 버전은 이제 보니 아주 괜찮은 것 같고 심지어 더 나은 것 같기도 하다.)

사실들을 메모하라.
당신이 쓰는 것이 소설이든 논픽션이든 시든 간에, 한 명의 작가로서 무언가에 대해 쓴다면 그것이 어떻게 작동하는지 정확한 사실을 담은 정보를 제공할 책임이 있다. 당신은 날씨, 생물학, 식물학, 인간의 본성, 역사, 기술 같은 것들, 색 스펙트럼과 광파의 움직임 같은 문제들, 기타 등등, 기타 등등에 대해 잘 알아야 할 것이다. 이는 시간이 지나면서 당신이 상당히 많은 것을 배우게 될 거라는 뜻이다. 여행하는 동안 얻은 한 가지 지식의 예를 여기 옮겨본다.

질문: 프랑스의 도시에 있는 이 운하를 따라 나무들을 심어놓은 이유 세 가지는?

노트에 메모한 나의 대답:

운하를 따라 나무들을 심어놓은 이유 세 가지: 뱃사공들에게 그늘이 되고, 물의 증발 속도를 늦추는 데 도움이 되고, 둑을 이루는 흙을 붙잡아준다. 종종 정확히 똑같은 간격을 두고 심음.

전문적/역사적 사실들을 메모하라.

내가 파리에 있는 클뤼니 박물관에서 고대 로마의 건축 방식에 대해 메모한 내용을 다음에 옮겨본다.

a. "가로로 놓은 석회암층(열)과 벽돌을 수평으로 놓아 만든, 평평하게 하기 위한 층(줄무늬)이 만나 오푸스 비타툼 믹스툼[혼합 재료로 만든 줄무늬]이라는 건축 양식을 이루는데, 이는 층을 만드는 기술과 서로 다른 재료의 혼합에 있어 참고 자료가 된다."

"마루는… 로마식 콘크리트인 오푸스 카에멘티시움, 즉 돌과 석회 모르타르의 혼합물로 만들어졌고… 아마도 석판이나 모자이크로 덮여 있었을 것이다."

중요: 그때그때 메모하라. 시간이 지나면 전부는 아니라도 상당한 양을 잊어버릴 것이기 때문이다. 그 순간을 통째로 잊든지 그 일부를 잊든지 필연적으로 둘 중 하나일 것이

므로, 나중에 메모하면 그 순간만큼 완성도 있거나 흥미롭게 느껴지지 않을 것이다.

a. 새뮤얼 존슨이 여행기라는 주제에 대해 한 말을 옮겨본다. "실험을 해보지 않은 사람, 혹은 자기 자신에게 엄밀한 정확함을 요구하는 데 익숙하지 않은 사람은 몇 시간만 지나도 확실한 지식에서 얼마나 많은 것이 사라지는지 좀처럼 믿으려 하지 않을 것이다."

메모하기라는 주제에 대해 마지막으로 한 가지를 덧붙이고 싶다. 대중교통에 관한 이야기다. 나는 여행 중에 글쓰기도 메모도 많이 하는데, 공항에서도 하고, 비행기나 기차에서도 한다. 가능하면 항상 대중교통을 이용하라고 추천하고 싶다. 그렇게 할 만한 훌륭한 이유가 많이 있지만(탄소 발자국, 안전, 시간의 생산적인 사용, 대중교통에 대한 후원 등등), 작가에게는 특히 그럴 만한 두 가지 이유가 있다. 첫째로, 당신은 자동차를 운전하거나 승객으로 자동차에 타고 있을 때보다 버스를 기다리면서, 혹은 열차 좌석에 앉아서 훨씬 더 많은 글을 쓰게 될 것이다. 둘째로, 당신은 모르는 사람들, 자신이 선택하지 않은 사람들 사이에 던져지게 된다. 나는 거리를 걸을 때는 모르는 사람들을 그냥 지나치지만, 오직 대중교통을 타고 여행할 때만 지하철에서 그들과 허벅지를 나란히 하고 앉고, 비행기 좌석 사이 팔걸이를 그들과 몇 시간 동안 계속 공유하고, 줄을 서서 기다리는 그들의 뒤통수를 빤히 들여다보고, 가끔씩 길어진 대화를 우연히 듣게 된다. 그 경험은 나 자신이 선택한 제한된 세계에서 나를 벗어나게 해준다. 가끔은 깨달음을 주는 훌륭한 대화를 그들과 나누게 되기도 한다.

2. 언제나 당신 자신의 관심사에서부터 작업하라. (메모하거나 글을 써라.) 절대 당신이 메모하거나 글로 써야만 한다고 생각되는 것에서부터 시작하지 마라. 자신의 관심사를 믿어라. 나는 지금 로마 시대의 건축 기술에 몹시 관심이 있는데, 그래서 파리의 클뤼니 박물관에서 적어둔 메모를 위에 옮겨두었다.(241쪽 참조) 내 관심사는 지나가버릴지도 모른다. 하지만 지금 나는 그것이 어디로 향할지 알지 못한 채 그것을 따라가며 즐기고 있다.

당신의 관심사가, 특히 당신이 쓰고 싶은 것이 다른 사람들—실존하는 다른 사람들이든 상상 속의 다른 사람들이든—에 의해서가 아니라 시간에 의해 검증되도록 놔두어라.

이것이 창작 워크숍이 다소 위험할 수 있는 이유라고 말해야 할 것 같다. 글쓰기 선생님들이나 그런 워크숍을 이끄는 사람들조차도 다소 위험할 수 있고, 이것이 당신이 대부분의 공부를 혼자 힘으로 해야 하는 이유다. 다른 사람들은 종종 자신의 의견과 판단이 옳다고 대단히 확신하곤 한다.

3. 대체로 독학하라. 프로그램, 강좌 그리고 글쓰기 선생님들로부터는 많은 것을 배울 수 있다. 하지만 평생 동안, 어디든 당신에게 가장 유용해 보이는 출처로부터, 새로운 것들을 혼자 힘으로 배우는 일에도 그만큼 열심히 노력하라고 제안하고 싶다. 나는 나 자신의 관심사를 여러 방향으로, 다양한 지식의 원천을 향해 추구해나가면 환상적이고 진기한 경험을 할 수도 있다는 걸 알게 됐다. 예를 들자면 나는 낡은 전화번호부를 자세히 살펴보며 이른 새벽까지 깨어 있어본 적도, 가계도를 수백 년이나 거슬러 올라가본 적도, 프랑스의 어떤 도시 아래 무엇이 묻혀 있는지에 관한 책을 읽어본 적도, 특정한 농가 한 채를 찾느라 맨해튼의 초창기 지도들을 비교해본 적도 있다. 이런 진기한 경험들은 한 편의 훌륭한 장편소설만큼이나 매혹적인 것이 된다.

4. 메모한 것들을 지속적으로 고쳐 써라. 메모들의 뜻이 얼마나 잘 통하는지 보기 위해 그것들을 마치 처음 보는 메모처럼 읽는 능력을 키우려고 노력하라. 적어둔 것으로 무언가를 '하게' 되든 그렇지 않든 간에, 지속적으로 고쳐 쓰기를 하면 애초에 무언가를 적어둘 때 더 잘 적어두는 법도 배우게 된다.

고쳐 쓰기의 몇 가지 예는 앞에서 이미 들었는데, 내가 쓴 글이라면 무엇이든 다시 읽으며 고쳐 쓰는 것이 내게는 뿌리 깊은 습관이어서다. 나중에 이야기를 계속하면서 더 많은 사례를 들고 이 습관의 중요성에 대해 더 설명하려 한다.

5. 규칙적으로 메모를, 예를 들어 공항에 앉아서 하면, 바로 그 순간 그곳에서 한 편의 단편소설을 '자라나게' 할 수 있다. 그런 다음 그것을 고쳐 쓰면서 거기에 괜찮은 형태와 속도를 부여할 수 있다. 내가 어느 공항 라운지의 스타벅스 근처 테이블에 앉아서 해둔 메모들을 여기에 소개한다.

a. 우선 내 귀에 매력적으로 들리는 몇몇 대화를 다음과 같이 받아쓴다.

"캐러멜 시럽하고 캐러멜 드리즐 중에 어떤 것으로 하시겠어요?"
"네?"
"캐러멜 시럽하고 캐러멜 드리즐 중에 어떤 것으로 하시겠어요?"
(고개를 들어보니, 음료를 주문하고 있는 사람은 키가 크고 날씬하며 머리를 포니테일로 묶은 여자다. 그녀는 어느 항공사 직원인데, 스타벅스 줄에 서 있다.)

심사숙고하는 긴 침묵.

"드리즐로 주세요."

(이제 저쪽에서 캐러멜 드리즐을 마시는 그녀의 뒷모습이, 포니테일로 묶은 금발과 튀어나온 두 귀가 보인다. 그녀가 심사숙고를 하는 동안 나는 '드리즐'에는 '시럽'이 들어 있는 게 틀림없지만 '드리즐'이 '시럽'보다는 적은 양의 캐러멜일 거라고 결론을 내리고 있었다.)

얼마 뒤 그녀는 빈 컵을 손에 들고, 캐러멜 드리즐은 뱃속에 담은 채 또 다른 항공사 직원과 함께 자리를 뜬다.

알고 보니, 그녀는 우리가 탄 비행기의 승무원이다. 이름은 섀넌이다. 그렇게 해서 그녀의 캐러멜 드리즐 역시 우리와 함께 시카고까지 가게 된다.

비행기 승무원들에 대한 관찰 사이사이에는 다른 메모들이 있는데, 우선 내가 네덜란드어를 배우려고 애를 쓰면서 했던 어떤 경험에 대한 논평이 있고, 그 뒤에는 다른 사람들에 대한 관찰이 다음과 같이 이어진다.

b. 프레피 스타일—트위드 재킷, 나비넥타이, 로퍼, 기타 등등—로 차려입은 건장하고 쾌활하며 다소 멋을 부린 남자가 예닐곱 살 정도 되어 보이는, 위장복을 입고 달려가고 있는 한 남자아이를 뒤쫓아 공항 복도를 달려가기 시작한다. 테이

블에 있던, 누가 봐도 남자아이의 어머니로 보이는 여자가 부르는 소리에 건장한 남자는 쾌활하게 대답한다. "제임스랑 쉬하고 올게!"

그런 다음 나는 그 스튜어디스를 관찰하는 일로 되돌아간다.

6. 노천카페 테이블에 앉아 있는 동안 메모를 하면서 시를 쓰기 시작할 수도 있다. 다음은 내가 앞서 말한 그 카페 테이블에서 똑같은 바람을 느끼며 쓴 글이다. 이 글은 시로 쓰지 않았지만 나중에 보니 거의 시처럼 읽힌다.

a.
바람 속에서 잔디는 고개를 숙이고 야생 당근은 고개를 끄덕이고 있네.
이제 바람에 날려온 것처럼 달리기 경주의 주자들이 온다.

이 글의 고쳐 쓰기는 이렇게 진행되었다. 처음에는 첫머리에 "바람 속에서"가 적혀 있지 않았다. 나는 거기 바람 속에 앉아 있었고, 바람이 많이 분다는 걸 알았고, 잔디와 야생 당근이 왜 고개를 숙이고 끄덕이고 있는지도 알았다. 하지만 새로운 시각으로 이 글을 다시 읽어보니 바람이 불고 있다고 말할 필요가 있다는 걸 알 수 있었다. 그러지 않으면 독자는 잔디와 꽃들이 움직이고 있는 이유를 알아내느라 머뭇거리거나 시간이 걸릴 수도 있었다. 당신은 당신이 쓰는 글이 만들어내는 울림이 방해받지 않기를 바랄 것이고, 독자의 머릿속에 혼란이나 머뭇거림이 일어나지 않기를 바랄 것이다.

그건 그렇고 '독자'라는 말은 편의상 하는 것이다. 사실 노트에 쓴 글을 고쳐 쓸 때 나는 그 글 자체를 위해, 그것이 제대로 작동하게 하기 위해 고쳐 쓰는 것이다. 나는 어떤 독자도 염두에 두고 있지 않다. 그 글을 노트에 그대로 두는 것 이상의 일은 아무것도 하지 않을 수도 있다.

7. 당신이 쓴 것을 '사용'하든 하지 않든 간에 지속적으로 고쳐 쓰는 일에 또 한 가지 장점이 있다면, 새로운 시각으로 읽는 일을 지속적으로 연습하게 된다는 것이다. 당신은 그 글을 처음 보고 신선하게 접근하는 사람이 된 것처럼 읽기를 연습하게 된다. 이것은 발전시켜야 하는 매우 중요한 기술이며, 아마도 시간과 연습을 통해서만 발전하게 될 기술이다. (어떤 사람들은 작품의 각 단계 원고를 서로 다른 서체로 인쇄한다든지 하는 식으로 다양한 요령을 추천하지만.)

자신의 작품을 새로운 시각으로 바라보는 또 한 가지 방법은 그 글을 그대로 두었다가 시간이 지난 뒤에 다시 살펴보는 것이다. 나는 급하게라도 한 편의 글을 쓰기 시작해 몇 줄이나 몇 문장을 적어넣고, 제목을 붙이고, 그런 다음 그대로 두고 다른 작업을 하는 일을 상당히 자주 하는 편이다. 가끔씩은 글을 너무도 오랫동안—몇 주나 몇 달 동안—놔두는 바람에 제목을 보고 이게 무슨 글인지 궁금해지기도 하고, 심지어 본문을 읽어봐도 그런 글이 있었다는 걸 통째로 잊어버린 나머지 알아보지 못하는 일도 있다.

8. 현실로부터 맥락 없이 기록된 문장이나 아이디어도 훌륭할 수 있다. 하지만 그런 다음 그것을 넣어 한 편의 글을 완성하게 된다면, 그럴 때는 거기에 얼마나 많은 맥락을 부여할 것인지에 유의하라.

맥락은 설명이나 상세한 해설을 뜻할 수도 있다. 그리고 맥락이 너무 많이 들어가면 소재가 원래 지니고 있던 흥미로움이 모조리 사라질 수도 있다. 맥락 없이 외따로 쓰일 때 효과적이고 맥락과 함께 쓰이면 효과가 덜한 몇몇 메모들을 여기에 더 소개해본다.

노트에 쓴 다른 글들:
a. "60대에 들어서자 마리스는 종종 삶에 지친 것처럼 보였다."(네덜란드 화가 윌렘 마리스에 관한 위키피디아 문서에

서)

b. "테니슨의 형제 가운데 또 한 명인 에드워드 테니슨은 민간 정신병원에 수용되었고 그곳에서 사망한 것으로 여겨졌다." (테니슨에 관한 위키피디아 문서에서)

c. "아아, 내가 덴버에 있구나." (메일)

d. "파리에서는 항상 창문을 열어줄 사람을 찾을 수 있거든." (학교 동창이 프랑스어를 배우는 일에 관해 쓴 메일)

e. "어린이센터의 어린이들은 성을 짓는 일을 흥미로워하거든요." (메일)

마지막에 예로 든 문장에서 생생함의 일부는 언어에서 나온다. "어린이"가 반복되고, 뒤쪽에는 "흥미로워"한다는 말이 나오는데, 이것은 어째선지 어린이들의 행동과는 어울리지 않는 것처럼 보인다. 그리고 그 중간에는 (진짜) 성을 짓고 있는 어린이들이 만들어내는 그림이 있다. 만약 상황이 전체적으로 좀 더 자세히 설명되고 언어가 살짝 바뀌었더라면 이 문장은 이만큼 매력적이지 않았을 것이다. 이렇게 말이다. "탁아소에 있는 아이들은 블록으로 성을 짓고 싶어 하거든요."

f. "난 배관공이 필요해." (메일)

9. 글쓰기의 기술을 배우기 위해서는 1차 자료와 걸작들을 읽어라. 이것은 17세기 일본의 하이쿠 장인이었던 마쓰오 바쇼의 조언이다.

가장 훌륭한 작가들의 작품을 읽어라. 1년에 고전을 적어도 한 권 읽는 것으로 목표를 세우면 아마도 도움이 될 것이다. 흔히 말하듯 고전은 시간의 검증을 견뎌낸 작품들이다. 그것들을 읽어보는 일을 계속하라. 처음에 읽었을 때 마음에 들지 않으면 나중에 다시 읽어보라. 나는 조이스의 《율리시스》를 읽으려고 세 번 시도하고 실패했지만, 네 번째에 처음부터 끝까지 다 읽었다. (당시 내가 아일랜드에 살고 있어서 조이스적이고 베케트적인 인물들을 주위에서 숱하게 볼 수 있었던 것이 도움이 되었다.) 나는 아직 《돈키호테》를 읽지 않았지만 실제로 그 책을 읽어보면 즐겁게 읽게 될 것 같다. 가장 훌륭한 작가들에게서 배우는 일에 대해서는 할 이야기가 많은데, 곧 좀 더 이야기해보겠다.

10. 독서는 어떻게 해야 할까? 어떤 습관에 맞춰 책을 읽어야 할까? 각각의 모든 시대로부터 가장 훌륭한 작가들을 읽어라. 동시대 작가들의 작품은 전체와 비율을 맞춰가며 읽어라. 항상 동시대 작가들만 읽을 필요는 없다. 당신은 이미 당신의 시대에 속해 있으니까.

당신은 많은 책을 읽어야 한다. 다양한 종류의 책을 읽어야 할 뿐 아니라 다양한 방식으로도 읽어야 한다. 때로는 빠르게, 때로는 느리게. 때로는 그저 읽고 있는 것을 받아들이고 넋을 잃어가면서, 때로는 읽는 동시에 분석하면서, 한 명의 작가가 효과라는 것을 어떻게 얻어내는지 배워가면서, 또 때로는 그저 한 문장이나 한 단락을 면밀히 분석해가면서.

분석에 대한 여담

분석의 예:

a. 나는 내가 살던 지역의 일간 신문에 실리는 도너휴 박사의 건강 칼럼을 가지고 이런 분석을 하곤 했다. 나는 칼럼 속의 도너휴 박사에게서 왜 그렇게 배려심 있고 호감 가는 사람이라는 인상을 받았던 걸까? 나는 이유를 알아내기 위해 칼럼을 처음부터 한 문장 한 문장 읽곤 했다. 칼럼의 대부분은 언제든 더 냉정해지거나 다정해질 수 있었겠지만 감정을 드러내지 않는, 명료하게 제시된 의학적 정보였다. 하지만 그다음에 배려하는 어조가 등장했는데, 그 어조는 2인칭—'여러분'—의 사용, 그리고 거기 이어지는 조언과 관련이 있었다. "여러분은 이것 혹은 저것, 기타 등등을 반드시 하고 싶어질 겁니다." 조언과 함께 자기를 낮추는 어조가 등장하기도 했다. "너무나 지친 사람에게 운동을 하라고 하는 건 어

이 없는 일이죠." 그는 전문가인데도 절대 우월하게 들리는 말을 하지 않았다.

b. 훨씬 더 최근에, 나는 내가 즐겨 읽는 작가인 영국 소설가 바버라 핌의 유머를 면밀히 분석하고 있었는데, 한 장章의 도입부에서 시작해 한 번에 한 문장씩 다시 계속 읽어나가곤 했다. 안 웃기는데, 아직 아니야, 별로 감정을 드러내지 않는데, 그리고 그러다가 아하, 여기 있구나, 첫 번째 웃기는 부분이. 그런 다음 나는 이렇게 묻곤 했다. 어떻게 이렇게 하는 거지?

부조화는 상당히 자주 유머의 핵심이 된다. 다음의 예에서는 심각한 소식에 대한 우리의 기대를 증폭시키는 첫 번째 진술의 엄숙함과, 거기에 대조되는 두 번째 진술의 김빠지는 느낌 혹은 위상의 변화가 부조화를 만들어낸다. 단락을 정확히 찾을 수 없어 비슷하게 이야기해야 할 것 같다.

두 사람이 교회 환영회에 함께 앉아 이야기를 나누고 있다. 한 사람은 교회 내부 일에 매우 열심인 남자다. 다른 사람은 화자인 여자로, 이 동네를 방문했다가 예의상 환영회에 참석한 사람이다.

남자가 말했다. "심각한 소식을 들었습니다."
"아." 나는 깜짝 놀라 대답했다. "뭔데요?"
그는 내 쪽으로 몸을 기울이고 목소리를 낮췄다. "성가대실

벽에 곰팡이가 피었어요."

당신에게는 이 이야기가 웃기지 않을지도 모르겠다. 어쩌면 처음부터 이야기를 따라오면서 조용히 계속되는 핌의 유머에 완전히 적응되어 있어야 하는 건지도 모르겠다. 그리고 유머는 어떤 경우에나 개인적인 것이다.

내가 바버라 핌이 어떻게 웃긴 순간들을 만들어내는 데 성공하는지 분석하고 있는 건 웃기는 법을 배우고 싶어서가 아니고, 그저 흥미로워서다. 하지만 면밀한 분석은 그 자체로 유익하다는 것 또한 나는 안다. 부디 기억해두길. 분석하는 일은 그 자체로 당신의 통찰력과 작가로서의 기술을 날카로워지게 해줄 것이다.

분석을 하면 문제를 해결하는 데도 도움이 될 것이다. 당신이 결말을 쓰는 데 어려움이 있다면 여러 작품의 결말을 읽고 분석하고, 묘사를 풍부하게 하는 데 어려움이 있다면 여러 작가의 작품에서 묘사가 어떻게 기능하는지 보는 식으로 하면 된다. 당신에게 어떤 어려움이 있든 한 명 이상의 훌륭한 작가를 면밀히 분석하면 반드시 답이 나올 것이다.

면밀하게 읽어라. 그리고 텍스트를 분석하는 법을 배워라.

11. 가까이 둘 만한 다른 책들: 유용하다고 느껴진다면 글쓰기 연습 책들을 보는 것도 좋다. 내가 좋아하는 글쓰기 연

습 책이 있다면 브라이언 키틀리의 《새벽 3시의 에피파니》다. 여러 가지 연습문제뿐 아니라 거기 어울리는, 작가의 경험에서 나온 짧은 이야기들도 담겨 있다.

써야 하는 글이 무엇이든 그것을 쓰는 데 필요한 영감이 부족하다면 글쓰기 연습을 하라. 필요하다면 여러 번 이어서 하라. 자신만의 연습 문제를 만들어라. 스스로가 따분하고 상상력이 부족하게 느껴지더라도 그 문제를 풀어라. 거기서도 무언가를 얻을 수 있을지 모르는 일이고, 아무것도 하지 않는 것보다는 낫다.

12. 중요하면서도 실용적인 팁: 글쓰기 시간을 한번 갖고 나서는 뇌에 계속 떠오르는 것들을 적어놓을 수 있도록 방해받지 않는 시간을 가져라. 다시 말해, 글쓰기를 끝내고 나서 곧바로 친구들과 점심을 먹거나 수업에 들어가지 마라. 곧바로 메일이나 휴대폰을 확인하는 것도 안 된다. 적어도 15분은 완전히 비워놓아라. 설거지나 산책이나 샤워를 해라. 무작위로 떠오르는 생각들에 계속 열려 있을 수 있도록 뭔가 육체적인 활동을 하라. 당신의 뇌는 이 시간 동안 훌륭한 아이디어를 몇 가지쯤은 더 제공해줄 것이다. 그것들을 다른 활동들로 침묵시켜 잃어버리지 않도록 하자.

13. 독창적인 글을 쓰고 싶다면, 독창적이려고 애쓰지 마

라. 그보다는 당신 자신에, 당신의 정신에 공을 들이고, 그런 다음 당신이 생각하는 바를 말하라. 이것은 스탕달이 한 조언이다. 그가 실제로 한 말은 다음과 같다. "재치 있는 사람이 되고 싶다면 개성에 공을 들이고 매번 당신이 생각하는 바를 말하라." 내가 이 인용구를 어디서 찾았냐고? 내가 가진 《새로운 기본 요리책》에서다.

하지만 나는 그의 조언을 다음과 같이 나에게 맞게 각색한 것을 더 좋아한다. 독창적인 작가가 되고 싶다면 자신을 갈고닦고, 정신세계를 풍요롭게 만들고, 공감 능력과 다른 인간 존재들에 대한 이해력을 키우고, 그런 다음 글을 쓸 때는 당신이 생각하고 느끼는 것을, 말하고 싶다는 생각이 드는 것을 말하라.

그렇게 해서 나온 다섯 가지 (혹은 여섯 가지) 기본 규칙을 소개한다.

다섯 가지(혹은 여섯 가지) 기본 규칙

(1) 개성에 공을 들여라. (2) 당신이 언어로 무엇을 하고 있는지 알고, 그것을 잘하고 제대로 제어할 수 있도록 언어를 다루는 방식에 공을 들여라. (3) 당신이 쓰는 언어를—단어와 구절과 관용구를—모든 종류의 언어 공부를 통해 제대로 익혀라. (4) 말하고 싶은 바를 거리낌 없이, 말하고 싶은 대로, 다른 사람들의 생각은 신경 쓰지 말고 (그러나

다른 사람들의 감정은 세심하게 헤아리며) 말하라. (5) 열심히 작업하고 (많이 쓰고) 인내심을 가져라.

이것을 조금 다르게 다시 한 번 말해보겠다. (1) 기술에 면밀한 노력을 기울여라. (2) 그와는 별개로 당신의 정신세계와 개성을 발전시켜라. (3) 글을 쓸 때는 자유롭게, 원하는 대로, 당신 자신의 관심사에 따라 써라. (4) 열심히 작업하고 공들여 고쳐 써라. (5) 인내심을 갖고, 필요하다면 시간이 지나가게 둬라. (6) 다른 사람들이 어떻게 생각할지에는 관심을 갖지 마라. (그러나 그들이 어떻게 느낄지에는 관심을 가져라.)

이 기본 규칙 가운데 몇 가지는 각 섹션에서 다시 논의할 것이다.

자신의 취향을 따라가는 작가의 좋은 예

a. 버너뎃 메이어는 최근 일종의 봄날의 일기로 4월부터 6월까지 쓴 짤막한 산문들과 시들을 담은 시집 《일과 나날들》을 냈는데, 거기 수록된 여러 편의 시 속에 단어 게임 '점블'에서 영감을 받은 뒤섞인 글자들의 조합, 말이 되지 않는 말들을 다음과 같이 집어넣고 있다.

bufial ilbafu fsiul
walfed dewfal flawed

이런 시도를 하는 건 재미있고 기발한 일이다. 하지만 '점블'에서 온 이 단어들은 메이어가 '자, 내가 어떻게 해야 독창적으로 보일 수 있을까? 어떻게 해야 색다르고 특이하고 눈길을 끄는 무언가를 할 수 있지?' 하고 마음속으로 생각했기 때문에 들어가 있는 것이 아니다. 그 말들이 들어가 있는 건 그것들을 집어넣는 일이 작가에게 즐겁고 흥미로웠기 때문이다. 그 충동은 근본적으로 작가 자신이 관심을 갖고 몰두하고 있는 것들로부터 자라난 것이다.

이것이 개성과 작품에 관해 말할 때 내가 의미하는 바다. 당신의 본성이, 당신의 개성이, 당신의 존재 전체가 당신이 쓰는 글의 종류를 만들어낸다는 것이다. (이것이 우리가 그토록 클리셰를 싫어하는 이유다. 클리셰에는 당신 자신이라는 사람, 당신이라는 바로 그 독특한 사람이 반영되어 있지 않다. 클리셰는 닳고 닳은 언어로 된 빌려온 생각들이다.)

'점블'에서 온 저 단어들이 버너뎃 메이어 자신의 관심사 때문에 이 일기에 들어갔다는 사실은 이 시들에 있어 한 가지 중요한 점이다. 또 다른 중요한 점은 그녀가 그런 다음 자신의 충동을 검열하지 않았다는 점이다. 작가는 마음속으로 '멍청해 보이네, 이건 안 하는 게 좋겠어' 하고 생각하지 않았다. 자신의 본능을 믿었다. 만약 이 작업이 그녀에게 흥미로웠다면 그건 흥미로운 것이었고, '점블'에서 온 저 단어들은 시 속에 들어가야 옳았다.

  그리고 당신은 글 속에 무언가를 왜 집어넣고 싶은 건지 말로 분명히 표현할 수 없을지도 모른다. 그럴 때는 자신의 본능을 믿어야 한다.

  14. 자기검열에 대해. 사생활과 출판을 비교해 살펴보자. 당신의 노트는, 혹은 그게 어디든 당신이 맨 먼저 글을 쓰는 곳은 개인적인 공간이 되어야 하고, 거기서는 자기검열을 아예 하지 말아야 한다. 무언가가 심지어 당신 자신에게도 너무나 심하게 불쾌해서 적어 넣을 수 없는 경우가 아니라면 말이다. 그런 다음 당신의 글을 공개할 시점이 되면, 자기검열을 할 이유로 괜찮은 것과 나쁜 것이 각각 몇 가지씩 있다. 자기검열을 할 이유로 괜찮은 것 몇 가지. 다른 사람들, 특히 당신과 가까운 사람들에게 상처를 입히거나 그들의 기분을 상하게 하지는 않는 게 좋을 것이다. 때로 어떤 작가는 그의 작품이 누군가를 상처 입히거나 기분을 상하게 한다고 해도 무언가를 책으로 내야만 한다고 결정하겠지만 말이다. 여기서 '그'라고 한 건 내가 노르웨이 소설가 칼 오베 크나우스고르를 떠올리고 있어서다. 그는 두툼한 여섯 권짜리 '장편소설'을 썼지만 그것은 누가 봐도 아주 살짝만 눈속임을 한 회고록이었고, 실제로 그의 가족 구성원 몇 명의 기분을 상하게 하거나 그들을 화나게 했다. 자기검열을

할 이유로 괜찮은 것 또 한 가지는—아무튼 내 생각에는—우리가 음란함과 혐오 발언을 비롯한 폭력이라는 부담을 더 짊어질 필요는 없다는 것인데, 그런 것들은 이미 세상에 충분히 많기 때문이다.

자기검열을 할 이유로 나쁜 것 한 가지는, 아마도 이미 앞에서 말했거나 암시한 것 같은데, 최신 유행을 좇는 어떤 불특정하거나 특정한 사람들의 집단, 야심 많은 친구들, 혹은 통속적인 정신세계를 지닌 독자 대중이 어떻게 생각할까 하는 두려움이다. 이것과 관련해 자기검열을 할 이유로 나쁜 것 또 한 가지는 책이 팔리지 않을 거라는 두려움인데, 그건 끔찍한 이유다.

내가 쓰는 '자기검열'이라는 말은 그저 불쾌하거나 남의 마음을 상하게 하는 내용을 지우는 일만 가리키는 것은 아니다. 다른 누군가가 이상하다거나 멍청하다고 생각할 것 같은 내용, '점블'에서 온 말이 되지 않는 단어 같은 것들을 지우거나 넣지 않는 일 또한 가리킨다.

15. 잠시 인내심에 대한 생각으로 돌아가보자. 인내심을 가져라. 작업을 서두르지도 끝낼 준비가 되기 전에 끝내려고도 하지 마라. 며칠, 몇 주, 몇 달, 필요하다면 몇 년 동안 붙잡고 앉아 작업할 준비를 하라. 고쳐 쓰기를 계속하라. 그러는 동안 무언가 다른 작업도 함께하라. 당신을 애먹이는

글을 정기적으로 다시 살펴보라. 언젠가는 문제가 뭔지 깨닫게 될 것이다.

16. 글쓰기의 기술적인 측면들과 함께 당신의 전문성을 갈고닦아라. 당신이 무엇을 하고 있는지, 그리고 다른 작가들이 무엇을 하고 있는지—구체적으로—파악하라.

언어와 문체에 관한 책들을 읽어라. 영어로 글을 쓰려는 사람에게 가장 추천할 만한 책은 버지니아 터프티의 《솜씨 있는 문장들: 문체로서의 구문론》이다. 이 책은 끝까지 읽든 못 읽든 당신 방에, 손 닿는 곳에 두어야 한다. 정기적으로 한 부분씩 조금씩 읽어라.

당신은 당신이 글을 쓰려는 언어를 어느 정도 사용한 경험이 있어야 한다. 그리고 물론 유의어 사전과 문법, 어법, 작문법 등에 관한 참고도서들도 있어야 한다. 그저 아이디어와 줄거리를 실어 나르는 평범한 '수단'으로서의 언어가 아니라 언어 그 자체에 당신이 좀 더 관심을 갖게 해줄 자료라면 어떤 것이든 전부 다 읽어라. 나는 온라인 자료보다는 책을 추천하는데, 여기에는 한 가지 이유가 있다. 온라인 자료는 편리하지만, 그중 상당수가 다소 부정확하고 급하게 짜깁기해놓은 글이며 못 쓴 글인 경우도 많다. 이 중 어디에도 해당되지 않는 글도 있겠지만 반드시 있다고 확신할 수는 없다. 그러니 온라인 자료들과 함께 책도 이용하라. 오래된 판본도 좋다. 아니, 가능하면 오래된 판본을 이용해보라. 책을 찾기 위해 시간을 거슬러 올라갈수록 좋은 책이, 혹은 적어도 주의 깊게 편집된 책이 많을 것이다. 그리고 책 속의 내용 상당수는 시대에 뒤떨어지지 않고 남아 있을 것이다.

글쓰기를 연습할 좋은 방법이 떠오르지 않아서 막혀 있다면 '유의어'로 된 단편소설 쓰기를 시도해보라. 그 소설 안에서는 한 단어의 가능한 유의어 모두를 사용하는 것이다.

17. 당신이 사용하는 단어들의 어원에 관해 가능한 한 많이, 그리고 자주 공부하라. 그 단어들을 더 정확하게 사용하게 될 것이고, 재미도 있을 것이다.

영어를 예로 들어보자. '사교적인gregarious'과 '악명 높은egregious' 두 단어의 어원에 모두 '무리'나 '떼'를 뜻하는 단어가 들어 있다는 걸 알고 있었는가? (당신이 사교적이라면 당신은 무리에 섞이는 것을 좋아할 것이고, 무언가가 악명이 높다면 그것은 무리 가운데 두드러질 것이다.)

'산발적인sporadic'과 '디아스포라diaspora'는 둘 다 어원에 씨 뿌리는 일에 관련된 개념이 들어 있다. (그리고 버섯은 포자spore로 번식한다.)

'배척하다ostracize'라는 추상적인 단어의 역사에는 도자기 파편에 관련된 이야기가 들어 있다.

'불안정한precarious'이라는 단어에는 기도라는 의미가 들어 있다.

'설치류rodent'와 '좀먹다erode'라는 단어에는 갉아먹는 행위라는 개념이 들어 있다.

'변덕caprice'과 '변덕스러운capricious'에는 전형적인 염소의 행동에 대한 비유가 숨어 있다.

'사보타주sabotage'의 어원에는 나무로 된 신발을 뜻하는 프랑스어 사보sabot가 들어 있다.

추상적으로 느껴지거나 추상적인 단어들은 거의 대부분 그 어원에 무리, 도자기 파편, 씨앗, 무언가를 갉아먹고 있는 설치류, 염소처럼 구체적인 무언가를 품고 있다. 그 구체적인 대상이 무엇인지 파악하라! 그러면 추상적인 단어를 쓸 때 더 정확하게 쓰게 될 것이다.

단어를 사용할 때는 그 단어의 어원과 상충하지 않고 조화를 이루도록 사용해야 한다. 예를 들어 어떤 남자의 옷을 '다 허물어져 가는dilapidated'이라고 묘사한다면, 이런 선택은 lapis, 즉 '돌'이라는 뜻이 들어 있는 그 단어의 비유적인 어원과 상충하게 될 것이다. (벽이나 건물은 다 허물어져 갈 수도 있지만 바지는 그럴 수 없다.)

18. 언어의 소리에 신경을 써라. 어떤 사람들은 자신들이

읽는 모든 것을 머릿속에서 소리로도 듣는다. 다른 사람들은 그렇지는 않다. 어떤 작가들은 자신이 쓴 것을 소리 내 읽으면서 그것이 어떤 소리를 내는지 들어보는 일을 좋아한다. 다른 작가들은 소리 내 읽지 않고도 자신이 쓴 것을 머릿속에서 소리로도 들을 수 있다. 그들이 정말로 소리 내 읽기만 하면 더 많은 무언가가 들릴 수도 있겠지만 말이다.

당신이 쓰는 것은 듣기에도 즐거워야 한다. 물론 당신이 일부러 불쾌하거나 어색한 글을 쓰려고 의도하고 있는 경우는 예외다. 어느 쪽이든 당신이 쓴 단어, 구절, 문장이 어떤 소리를 내는지 충분히 고려하라.

19. 당신이 시인이든 산문을 쓰는 작가든 반드시 정기적으로 시를 읽어라. 물론 시인이라면 이미 많은 시를 읽고 있기를 바라겠다. 책을 읽지 않으면 당신은 작가로서 발전하지 못할 것이다. 산문 작가라도 시를 읽지 않으면 글을 잘 쓰지 못할 것이다.

시인 윌리엄 브롱크가 내린 시의 정의에는(어디서 읽었는지는 기억나지 않는다) '압축'과 '중대한 고민'이라는 말들이 포함되어 있다. 물론 모든 시가 '중대한 고민'을 담고 있지는 않다. 그것은 브롱크가 시의 가장 중요한 특징들이라고 여겼던 것들이다. 그의 시들은 밀도 있고 간결하며 확실히 중대한 고민을 담고 있었다.

시 속에서 언어에 집중되어 있는 관심과 그 간결함을 정기적으로 받아들이는 일은 중요하다. 나는 앞에서 비행기를 타고 의자 팔걸이를 공유하면서 낯선 사람들을 알게 될 가능성에 대해 이야기했다. 내가 그런 식으로 만난 한 젊은 남자는 아마도 변호사였던 것 같고—잘 기억나지 않는다—굉장히 책을 많이 읽는 사람이었는데, 자신은 시가 두렵다고 슬프게 시인했다. 자신이 시를 이해하지 못할까 봐 두렵고, 그런 상태가 되고 싶지는 않다는 것이었다.

시가 두렵다면, 혹은 내 친구가 물을 좋아하지 않는 것처럼 당신이 시를 좋아하지 않는다는 생각이 든다면, 시를 읽기 시작할 방법을 찾아보라. 아마도 가장 산문적인 시들부터 시작하면 될 것이다. 사실 이것은 앤솔로지 시집을 읽기 위한 하나의 아이디어다. 가장 쉽고 산문에 가까운 시들부터 시작해 가장 모호하고 어려운 시들로 나아가는 것이다.

내 또 다른 친구는 지난번에 만났을 때 "난 시를 좋아하지 않아"라고 말했다. 우리는 이것에 대해 논쟁을 시작했다. 나는 화가 나 있었다. 내가 말했다. "하지만 시는 딱 한 종류만 있는 게 아니야. 수많은 다양한 종류의 시들과 시인들이 있는걸. 어딘가에 네가 좋아하는 시인 한 명이나 적어도 시 한 편은 틀림없이 있을 거야." 그러자 친구는 기억해냈다. 정말 그랬다. 친구는 자신의 독서 모임에서 앤 카슨의 《빨강의 자서전》을 읽은 적이 있고 그 작품이 마음에 들었던 것이다. 나 역시 그 책이 마음에 들었다. 그 작품은 여러 섹션으로 나뉘어 있는 긴 이야기시인데, 그 일부는 언어와 배경 면에서 내가 최고의 미국 고전 중 한 편으로 꼽는 제임스 에이지의 장편소설 《가족의 죽음》을 떠오르게 했다.

우리는 친구가 처음에 건넨 말—"난 시를 좋아하지 않아"—에 대해 정말로 토론에 들어갈 수 있을 만큼 서로를 자주 보는 사이는 아니다. 하지만 그 뒤에 나는 나 역시 "난 재즈를 좋아하지 않아" 하고 말하거나 생각하는 모습을 누군가에게 보였던 적이 있으리라는 걸 깨달았다. 그리고 그것 역시 똑같이 맹목적이고 막연하며 실은 부정확하기도 한 표현일 것이다. 그 뒤로 나는 재즈를 좋아하지 않는다고 말하지 않게 되었고, 이런 깨달음을 얻게 되었다. '그래, 나는 사실 마일스 데이비스랑 시드니 베쳇 같은 어떤 재즈는 좋아하잖아.' 아마 다른 재즈도 상당히 많이 좋아하고 있을 것이다. 존 콜트레인 같은.

20. 호기심을 품어라. 가능한 한 많은 호기심을 품어라. 한 인간으로서 당신이 얼마나 호기심이 많은지 혹은 적은지 개괄적으로 생각해보라. 별로 호기심이 많지 않다면 왜 그런지 생각해보라. 그리고 호기심을 키우려고 노력하라. 호기심이 많다면 당신은 여러 가지를 배우게 될 것이다. 호기심이 많을수록 더 많은 것을 배우게 될 것이다. 그리고 호기

심은 갖가지 주제로 당신을 더 깊이 이끌어줄 수도 있다.

호기심을 품고 해답을 찾고 싶어 하는 내 성향의 한 가지 예로 프랑스의 도시 부르주에 있는 로마 시대의 탑들에 들어가 있던 세 줄의 벽돌 이야기를 해보겠다. (사실은 **가로로 놓인 벽돌층들**courses of bricks이라고 해야 한다. '가로로 놓인 층course'이 벽돌 층을 가리키는 올바른 말이다. 특히 제임스 조이스는 사물을 가리키는 올바른 용어를 사용하는 데 있어 매우 꼼꼼했다. 그는 그 일에서 기쁨을 느끼는 듯 보였다.) 이 무늬를 처음으로 알아차린 부르주에서 나는 한 주 내내 그 벽돌들에 대해 궁금해했다. 내게는 그것들이 그저 장식용은 아니라는 확신이 있었다. 그 탑들의 건축에 있어 그 벽돌들이 필요했던 어떤 이유가 분명히 있었을 것이다. 그러다가 파리의 클뤼니 박물관에서 나는 비록 완전한 대답은 아닐지 몰라도 그 벽돌들에 대한 언급을 찾았다.

하지만 호기심을 품을 대상은 훨씬 더 많다. 미국요리협회에서는 학생들에게 와인병의 코르크 마개를 올바르게 따는 방법을 어떤 방식으로 가르칠까? 개미를 움직이려고 입으로 불면 개미는 꼼짝도 않는데, 왜 그렇게 잘 버티는 걸까? 그 가느다란 다리들 속에 작고 힘센 근육들이라도 있는 걸까? 권력은 왜 부패할까?

그리고 탑들 앞 길거리에 서서 가로로 놓인 세 개의 벽돌층 같은 무언가에 관해 궁금해하면서, 인터넷에서 그것을 검색하지 않고 시간을 보내는 일의 가치를 과소평가하지 마라. '궁금해한다'는 건 당신이 우선 스스로 질문에 대답해보려고 노력한다는 뜻이다. 그럴 때 당신은 답을 알아내려고 애쓰면서 실마리를 얻으려고 더욱 촉각을 곤두세우게 된다. 그리고 그건 가능한 대답이, 또 다른 관심사의 길을 열어줄 수도 있는 대답이 다양하게 떠오를 거라는 뜻이기도 하다. 답을 찾아내기 전에 당신의 머릿속에서 그 주제 전체가 확장되고 발전할 시간이 있도록 말이다. 나는 그 벽돌들에 관해 궁금해하는 시간을 가졌다. 그것들은 어떤 식으론가 건물을 안정시키는 걸까? 습기의 흡수와 관련이 있을까? 그건 그렇고 돌에 비해 벽돌이 얼마나 구멍이 많고 투과성이 높은지에 대해 나는 무엇을 알고 있나?

클뤼니 박물관에서 노트에 적어두었던 글을 여기에 옮기고 나서, 나는 내가 여행 중에 사서 읽고 있던 프랑스어로 된 어떤 책에서 또 다른 구절을 노트에 옮겨두었다는 걸 알게 되었다. 그 구절은 다른 무언가에 대한 문장 속에 삽입돼 있었는데, 좀 더 대답에 가까운 것을 제공해주었다. "로마 시대 건축업자들에게 어그리프agrafe 역할을 했던, 세 개의 벽돌을 얹어 만든 줄." 그런데 어그리프는 뭘까? 당연히 그것이 가장 중요하지만 나는 지금에야 그 단어를 찾아보았는데, 그것은 꺾쇠, 잠금장치 혹은 갈고리를 뜻한다. 나는 이 벽돌들을 이해하는 데 더 가까워졌지만 아직 정확히 이해하지는 못하고 있다.

21. 무언가를 곧바로 검색하지 않는 일에 대해 조언해본다면, 적어도 하루에 몇 시간은—혹은 정말 최소한으로 말해 딱 한 시간 동안만이라도—전자기기에서 벗어나라. 다른 사람들이나 켜져 있는 전자기기 없이 완전히 혼자가 되는 법을 배워라. 그런 종류의 순수한 집중을 경험하는 법을 배워라. 집중력을 키우고, 중단되지 않고 한 가지에 오랫동안 골똘히 집중하는 법을 배워라.

이 이야기를 하니 전에 어느 소설 워크숍 수업 시간에 20세기의 가장 중요한 역사적 사건들에 대해 했던 토론이 떠오른다. 나는 학생들에게 20세기의 중요한 사건들로 연대표를 만들어보라는(어쩌면 잘못된 판단이었는지도 모르는) 과제를 내주었다. 내게 결과가 항상 좋지만은 않은 충동적인 과제들을 내주는 버릇이 있기는 하다. 하지만 그 문제에 관해서라면 나는 우리 모두 스스로를 20세기라는 흐름 속에, 혹은 어느 세기 속에든 중요한 몇몇 날짜와 관련지어 대략적으로는 위치시킬 수 있어야 한다는 생각이 있었다. 지금도 그건 중요하다고 생각한다. 당신이 어떤 작가의 전기를 읽다가 그의 최고 작품이 제2차 세계대전 이후에 쓰였다는 이야기를 읽게 된다면, 당신은 제2차 세계대전이 언제 일어났는지 알아야 한다. 20세기 전반의 중요한 사건은 줄이고 줄여 말해보자면 제1차 세계대전, 대공황 그리고 제2차 세계대전 정도일 것이다. 덧붙이자면 미국에서 일련의 주요 사건이 될 수 있는 것들은 다음과 같다. 도금시대*, 제1차 세계대전, 광란의 20년대**, 대공황, 제2차 세계대전, 한국전쟁, 베트남전쟁. 그리고 20세기가 끝날 무렵 개인용 컴퓨터의 개발과 인터넷의 탄생을 들 수 있겠다.

수업에서 우리는 오직 미국의 역사만 가지고 예상보다 길어진 훌륭한 토론을 했는데, 역사광인 일부 학생들은 면직물 산업의 기계화처럼 나로서는 중요성을 잘 몰랐던 몇몇 사건들에 대해 놀랄 만큼 정교한 세부 사항을 늘어놓았다. 나중에 한 학생은 그 수업이 자신에게 매혹적이었던 이유는, 부분적으로는 토론이 우리 머릿속의 정보에만 전적으로 의존하고 있었다는—아무도 전자기기로 검색하지 않았다—점이었다고 말했다.

(내가 학생들에게 충동적으로 내준 또 다른 과제는 한 주 동안 수업 이외의 시간에 wr로 시작하는 단어를 최대한 많이 떠올리고 그것을 목록으로 만들어보라는 것이었다. 어쩌다 그런 과제를 내주게 된 건지는 잊었는데, 아마도 내가 그런 단어들을 떠올리려 애쓰다가 그런 단어가 상대적으로 얼

---

* 미국에서 1870년대에서 1890년대까지의 경제적 호황기를 가리키는 말.
** 미국인들이 자신감과 활기에 차 있던 1920년대를 가리키는 말.

마나 적은지 깨닫게 된 일 때문이었던 것 같다. 그 과제의 규칙은 당연하게도 종이 사전으로든 온라인으로든 단어를 찾아보면 안 된다는 것이었다. 자기 스스로 기억해내려고 노력해야 했지만 다른 사람에게 물어볼 수는 있었다. 이 과제의 결과는 다소 흥미로웠는데, 그런 단어 대부분이 — 콘월어에서 파생된, 어떤 종류의 물고기를 가리키는 '양놀래기과의 물고기wrasse'라는 단어만 제외하고는 — 공통으로 지니고 있는 요소가 무엇인지 깨달아서였다.)

22. 다시금 이야기를 훌쩍 건너뛰어 맥락을 너무 많이 집어넣지 말자는 생각으로 돌아가보자. 여기서 맥락이란 설명이나 상세한 해설을 뜻한다.

많이 말하는 대신 적게 말한다는 건 때로는 당신이 쓴 글의 일부를 잘라내는 걸 의미하는데, 이는 매우 효과적일 수 있다. 첫째로, 그렇게 하면 글쓰기 속도가 다소 빨라진다. 그다음으로, 당신이 설명을 많이 잘라낼수록 독자의 머릿속은 연결을 만들어내느라 활발해진다. 독자의 머릿속이 활발해질수록 독자는 대체로 행복해진다. 그것이 우리가 농담을 좋아하는 한 가지 이유일 것이다. 농담은 우리의 머릿속에서 발생하기 때문이다. 연결을 만들어내는 사람은 농담을 듣는 우리들이다.

23. 글을 잘라내는 일은 효과적일 수 있다. 속도를 높이고 짧은 분량 안에서 많은 일이 일어나게 할 수 있다. 하지만 그렇다고 모든 글이 짧아야 한다는 뜻은 아니다. (프루스트가 《잃어버린 시간을 찾아서》에서 그랬듯) 3천 페이지를 쓰면서도 간결하게 쓸 수 있다. 이럴 때 간결하다는 건 필요한 것보다 많은 말을 하지 않는다는 뜻이다.

24. 육체적인 세계와 계속 접촉하라. 우리 문화에서는 섹스와 폭력—육체성의 한 형태다—이 대단히 강조된다. 그것은 부분적으로는 게으르고 상상력이 부족한 글쓰기의 결과다. 인기 있는 오락물을 쓰는 작가들이 독자를 끌어모으기 위해 선정주의에 의지하니 말이다. 하지만 어쩌면 그것은 우리의 일상에서 대체로 사라져버린 육체성에 대한 조잡한 형태의 대체물일지도 모른다. 옛날에는 육체적인 삶이 어떻게 다가왔을지 상상해보라. 예를 들면, 옛날에는 말이나 젖소, 닭 같은 동물들과의 접촉이 지금보다 훨씬 많았고, 거래는 개인 간에 육체적으로 일어났고 길거리에서 아주 흔하게 볼 수 있었으며(제철공이나 제화공을 떠올려보라), 냄새 또한 지금보다 널리 퍼져 있어서 말똥 냄새, 곰팡이 냄새, 사람들의 땀 냄새와 세탁하지 않은 옷 냄새, 담배 냄새, 연기 냄새, 나무 타는 연기 냄새, 먼지투성이 길 냄새, 화초 냄새 등등이 풍겼다.

벵골 출신이며 영어로 글을 쓰는 작가 니라드 C. 차우두리가 흙을 묘사한 글을 다음에 옮겨본다. 이 작가의 자서전은—길이로 말하자면—두툼한 두 권짜리 책인데,《어느 알려지지 않은 인도인의 자서전》이라는 제목의 1권만 해도 큰 판형으로 506페이지나 된다. 그는 뛰어난 재주를 지닌 인내심 많은 작가다. 흙길에 대해, 자신이 어린 시절에 맨발로 돌아다니던 일에 대해 우리의 예상보다 훨씬 더 길게 글을 쓴다. 그 단락은 사랑스러우면서도 간결하다. 그 길에 대해 쓰는 그의 철저함은 내게는 제임스 에이지가 《이제 유명 인사들을 칭송합시다》에서 보여준 철저함과 아름다움을 떠오르게 한다.

여기 차우두리가 쓴 그 단락의 일부가 있다.

우리는 이 부드럽고 깊은 흙에 커다란 애정을 지니고 있었다. 그 흙은 단지 흙으로 성을 만들 수 있다는 어린애 같은 기쁨만이 아니라 좀 더 심오한 무언가를 주었다… 걸어 다니는 일의 기쁨 가운데서도 가장 좋은 건 흙 속으로 가라앉는 맨발을 느끼는 것이었다. 마치 발로 차는 일의 즐거움 가운데서 가장 절실한 것이, 그건 아이들에게 너무도 자연스럽고 반드시 해야 하는 행동이었는데, 흙을 머리 높이까지 차올리는 데 있었던 것처럼 말이다… 우리의 길은… 너무도 민감해서 우리는 언제나 발자국을 보고 사람들이 어느 쪽으로 갔는지 알 수 있었다… 한낮에 소송을 좋아하는 수많은 군중이 법원을 향해 몰려가고 난 뒤에는 발가락들이 전부 서쪽을 가리켰고, 이른 아침에는 동쪽을 가리켰다. 거기에 더해 집의 정면과 맞닿은 길의 부분마다 더 커다랗게 움푹 꺼진 곳들이 하나 이상씩은 있었는데, 이런 곳들은 떠돌이 개나 그 특정한 집에서 키우거나 자발적으로 그 집에 붙어 지내던 개들이 전날 밤에 잠을 잤던 자리를 드러내주었다.

당신이 쓰는 산문이나 시 속에 육체적인 세계, 즉 감각을 통해 인식되는 세계가 얼마나 존재하는지 혹은 부재하는지 관심을 가져보라. 우리는 육체적으로 세상에 존재하고, 우리 몸을 통해 세상을 인식한다. 육체적인 세계를 글에 더 담고 싶다면 글을 쓸 때 오감을 활용하라. 시각, 청각, 후각, 미각 그리고 촉각을 말이다. 여기 유달리 묘사에, 특히 묘사에서 종종 경시되는 후각 묘사에 뛰어난 한 작가의 글을 좀 더 예로 들어보겠다. 이 예문들은 V. S. 나이폴의 《비스와스 씨를 위한 집》에서 발췌한 것이다.

담요는 털투성이어서 따끔거렸는데, 그가 하루 종일 맡고 있던 신선한 날고기 냄새의 근원인 듯했다.

여덟 달 동안, 푸른색 비누와 향 냄새가 나고, 바다은 하얗고

늘 문질러 닦아 매끄러우며, 페인트칠이 안 된 널찍하고 텅 빈 목조 주택에서…

…그러면서 자신의 숨결에서 풍기는 술과 담배 냄새를 감추려고 애썼다.

오래된 짚에서 나는 퀴퀴한 냄새가 베이럼 향유와 소프트 캔들, 캐나다산 치료용 오일, 암모니아 같은 툴시 부인의 약 냄새와 뒤섞여 있었다.

코맥 매카시도 작품 속에 육체적인 세계의 존재감이 매우 큰 또 한 명의 작가이고, 토머스 하디 역시 그렇다. 다른 작가들, 이를테면 앤서니 트롤럽의 작품 속에서는, 그가 사랑과 정치와 자금 문제와 관련된 여러 교묘한 술책에 관해서는 마음을 사로잡을 만큼 자세하게, 그리고 대단히 절묘하게 쓰고 있음에도 육체적인 세계는 거의 존재감이 없다. 책을 읽을 때 이런 개별적인 특징을 관찰해보는 것도 좋은 생각이다. 작가가 육체적인 세계를 어떻게 취급하는지에 주의를 기울여보라.

25. 대화에 대해. 지금껏 말해왔듯 훌륭하고 탁월하지만 자신의 세계를 아주 육체적으로 만들지는 않는 작가들이 있

다. 정해진 규칙은 없다. 다시 말하지만 각 작가의 글은 그 사람 전체를 반영해야 하고, 그 사람의 존재로부터, 개성으로부터, 역사로부터 유기적으로 자라나야 한다.

그렇게 생각할 때, 그레이스 페일리는 말투에, 견해와 믿음에, 정치적 신념에, 살아가는 이야기에, 인물의 개성에, 우정에 좀 더 관심이 있었던 것 같다. 풍부한 묘사는 그저 그녀의 관심사가 아니었다. 그레이스 페일리의 단편소설에서 한 단락을 골라 언제 혹은 어디서 육체적인 세계가, 감각들이 등장하는지 살펴볼 수도 있다. 하지만 여기서는 대화를 살펴보자. 대화는 그녀의 작품에서 너무도 중요하니까.

대화는 페일리 단편소설의 핵심을 이루는 사람과 사람 사이의 상호작용에서 없어서는 안 되는 부분이다. 페일리의 초단편소설 〈소망〉의 도입부는 그녀가 대사를 어떻게 사용하는지 보여주는 훌륭한 예다. 그런 또 하나의 예는 〈잘 가요, 그리고 행운이 있기를〉의 화자인 로지 이모의 독백인데, 다음과 같이 시작한다.

난 어떤 모임들에서는 인기가 있었어, 로지 이모가 말한다. 그때 난 지금보다 전혀 날씬하지 않았고, 살집이 꿈쩍도 않는 건 지금보다 더하기만 했단다. 릴리야, 앞으로 놀라지 마. 변화라는 건 신이 내리는 현실이야. 그걸 면제받을 수 있는 사람은 아무도 없단다. 오직 네 엄마 같은 사람만 한쪽 발로

서서는 자기 엉덩이가 얼마나 커지는지도 모르고 30년 동안 카나리아 같은 음감으로 노래나 부르는 거야. 누가 듣는다고? 아빠는 가게에 있지. 너랑 시모어는 자기들밖에 모르지. 그러니 네 엄마는 티 한 점 없이 완벽한 주방에 앉아 친절한 말 한마디를 기다리면서 생각하는 거지. '가엾은 로지'라고…
가엾은 로지 좋아하시네! 내 여동생한테 살아온 삶이란 게 더 있다면, 내 마음도 정규 대학처럼 있을 감정 다 있고, 코르셋이랑 내 몸 사이엔 그 애의 결혼생활 전체를 갖다 대도 유치원 정도밖에 안 될 만한 짬밥이 있다는 걸 그 애도 알 텐데.

한 작가가 대화 하나에만 얼마나 많은 것을 의지하는지 알아보기 위해 살펴볼 만한 또 한 명의 작가가 있다면 아일랜드 소설가 로디 도일이다. 그는 아주 재미있는 작가다. 그가 주로 다루는 주제는 가족생활이다.

26. 대화에 대해 조금 더 말해보자. 사람들이 하는 말에 귀를 기울이고, 들리는 것 중에서 질 좋은 부분들을 받아 적어라. 구절들과 문장들을 받아써라. 이런 방법으로 당신은 사람들이 실제로 어떻게 말하는지 배우게 될 것이다. 보통 우리는 아주 논리정연하게 혹은 잘 정리해서 말을 하지는

않는다. 종종 아주 짧은 말로 대화를 하기도 한다. 문장의 조각들로 소통하기도 한다. 말하고자 하는 바를 표현할 방법을 찾아 헤맬 때처럼 지나치게 길게, 더듬거리면서, 정신 사납게 말하는 경우가 아니라면 그렇다는 이야기다. 당신이 글에 쓰는 대화는 우리가 말하는 방식을 반영해야 한다. 좀 더 강렬하고 다채롭고 극적으로 만들기 위해 반드시 한두 단계 정도는 수준을 높여야 하겠지만 말이다. 하지만 무엇보다, 대화는 오직 잘 정돈되고 완전한 문장들로만 구성되어서는 안 된다.

소호의 어느 식당에서 옆 테이블 사람들로부터 우연히 들은 딱 한 줄의 대화로부터 발전해 나온, 내 노트에 적힌 짧은 이야기를 소개한다. 이 이야기는 하나의 (아주 긴) 제목과 두 줄의 본문으로 되어 있다.

어느 원숙한 여성이 또 한 명의 원숙한 여성과 점심을 먹으며 레인코트에 대해 논하던 끝에 하는 말
그녀는 분별 있는 어조로 말한다.
"그게 꼭 버버리 거여야 하는 건 아니잖아!"

여기서도 다시금, 내가 흥미를 느끼는 건 아마도 두 가지인 것 같다. 우선 단 한 줄의 대사가 한 사람의 문화와 배경, 계층과 개성에 대해 드러내주는 것들. 그리고 그다음으로는 사용된 언어 그 자체인데, 이 경우에는 '버버리'라는 단어다. 그건 사실 그 자체로 익살스러운 말이지만, 어떤 사람들에게는 의미를 담고 있는 말이기도 하다.

언어는 언제나 내 주의를 잡아끈다. '캐러멜 드리즐'과 '쉬하고 올게'를 기록해둔 노트의 글들에서처럼.
나는 사람들이 말하는 방식을 맛깔스럽게 음미한다. 그 방식이란 단어들의 조합이나 언어의 소리, 예상하지 못한 어휘뿐만 아니라, 당연하게도 그 말이 말하는 사람들에 대해 드러내주는 무언가이기도 하다.
노트에 기록해둔 대화를 좀 더 소개해본다.

아기를 데리고 있는 앳돼 보이는 부부가 공항의 상점에서 진열대를 노려보며
남편: "딴 데 가자. 죄다 번드르르하게 포장된 것밖에 없네."
아내: "하지만 그게 우리가 찾고 있는 거잖아!"

사실, 최근에 내게 생긴 마음에 드는 취미 한 가지가 있다면 여럿이서 하나의 결론에 도달하기 위해 이런 식의 짧은 대화를 하고 있는 사람들에게 귀를 기울이는 것이다. 이런 대화는 특히 여행 중에 귀 기울여 듣기 좋은데, 그럴 때 부부들은 종종 하나의 단위로 행동하면서 함께 결정을 내리기

때문이다. 그리고 그들은 약간 긴장해 있거나 어딘가에 정신이 팔려 있어서 당신이 대화에 귀를 기울이고 있다는 걸 알아차리지 못할 가능성이 높다.

나이 든 부부가 공항 화장실 바깥에 서서
여자: "여기서 기다릴게요."
남자: "당신은 안 가요?"
여자: "글쎄, 가야 되려나."
남자: "그거 좋은 생각이네요."

병원이나 치과의 대기실에서 오랫동안 기다려야 할 때는 대화를 주워듣고 메모를 하기에 좋은 또 하나의 기회다.
다소 우울해 보이는 노인이 안과 대기실에 자기 아내 옆에 앉아 있다. 그는 실내를 둘러보고 있다. 잠시 말이 없던 그는 아내가 아니라 접수 데스크 옆에 있는 문을 쳐다보며 아내에게 이렇게 말한다.

"저기 저 문으로 나올 거야."

여기서 내가 좋았던 건 첫째로는 언어였다. '저기 저 문', 그리고 그 말이 암시하는 극적인 사건. 그리고 둘째로는, 노인이 아내에게 마치 자신의 생각을 혼잣말로 드러내기라도 하듯 사소하고 상당히 쓸데없는 정보 한 가지를 전해주는 방식이었다.

소설가 데니스 존슨이 자신의 소설에 쓴 대화를 여기에 약간 옮겨본다. 이 대화는 이런 종류의 소설에 들어가는 대화가 갖추어야 할 다음의 여섯 가지나 되는 조건을 모두 충족한다. (1) 자연스럽게 들리고 (2) 하지만 실제 대화보다 더 생생하고 흥미로우며 (3) 인물의 개성을 드러내주거나 개성의 일부이고 (4) 관계를 드러내주거나 관계에 잘 어울리며 (5) 인물들의 상황을 드러내거나 구체화하고 (6) 이야기를 구체화하거나 앞으로 나아가게 한다.

다음 단락은 존슨의 단편소설 〈시애틀 종합병원의 흔들림 없는 손〉에 나오는 상당한 분량의 대화에서 발췌한 작은 부분이다. 사실 이 소설은 분위기를 조성하는 도입부의 두 단락과 나중에 묘사를 위해 나오는 아주 짧은 한 단락을 제외하면 전체가 대화로 되어 있다. 여기서는 재활 치료 혹은 중독 치료를 받고 있는 한 환자(먼저 말하는 사람)가 자신과 같은 병실을 쓰는 환자에게 면도를 해주고 있다.

"언젠가 사람들은 단편소설이나 시 속에서 당신 얘기를 읽게 될 거예요. 그 사람들을 위해 당신 자신을 설명해주실래요?"

"아, 몰라. 커다란 똥덩어리겠지, 뭐."
"아니. 전 진지해요."
"자네가 나에 대해서 쓰진 않을 거잖아."
"저기요. 저 작가거든요."
"음, 그러면, 그냥 난 과체중이라고 해줘."
"그는 과체중이다."
"나는 총에 맞은 적이 두 번 있어."
"두 번요?"
"아내 둘한테서 각각 한 번씩, 총알은 전부 세 개, 구멍은 네 개 뚫렸지. 들어가는 거 셋, 나오는 거 하나."
"그런데도 아직 살아 있네요."
"이 얘기, 자네 시에 넣으면서 어디든 바꿀 거야?"
"아뇨. 한 단어 한 단어 그대로 넣을 건데요."

이야기는 다음과 같이 끝난다. (이번에는 먼저 말하는 사람이 같은 병실을 쓰는 환자다.)

"음, 난 자네보다 나이가 많아. 자네는 이 바퀴에 두어 번쯤 더 타고도 팔다리가 멀쩡히 붙은 채로 나갈 수 있어. 난 아냐."
"이봐요. 잘하고 있으면서 왜 그래요."
"여기다 대고 말해봐."

"그 총알구멍에다 대고 말하라고요?"

"내 총알구멍에다 대고 말해봐. 내가 괜찮다고 해봐."

27. 마지막으로 할 몇 가지 조언이 있다. 그 첫 번째는 복잡한 인물들에 관해서다. 사람들을 관찰할 때 특히 복잡한 인물들의 특징들을 관찰하라. 우리는 모두 여러 특징이 뒤섞인 존재다. 이 점을 알고, 찾아보고, 당신 자신과 당신이 친하거나 잘 아는 사람들의 복잡한 면모를 분석한 다음, 그 정도의 복잡한 면모를 당신의 더 중요한 인물들 속에 재현해보라. '복잡'하다는 것은 무슨 뜻일까? 무언가가 모순적이라는 개념에서부터 시작할 수도 있을 것이다. 그런 다음 다른 특징들이 복잡한 인물을 어떻게 만들어내는지 보라.

28. 독학을 하거나(이 방법도 즐거울 수 있다) 수업을 듣거나 해서 살아가는 동안 적어도 한 가지 외국어는 배워두라. 그 외국어로 쓰인 책을 정기적으로 읽어라. 그러면 당신의 모국어에 대해 균형감이 생기고 더 많은 것을 배우게 될 것이다. 거기에 더해 다시 돌아가서 말해보자면, 당신의 정신세계와 개성 또한 발달할 것이다.

스패로가 쓴 작은 판형으로 된 재미있는 책《다가오는 문명의 붕괴에서 살아남는 법, 그리고 그 외의 유용한 힌트들!》에 나오는 같은 조언을 여기에 옮겨본다.

외국어를 공부하라
어떤 외국어를 공부하든 상관없다. 중요한 것은 szökik* 같은 단어들을 마주치는 일이다.

29. 아주 짧은 글이라도 상관없으니 살아가는 동안 적어도 한 편의 글은 번역해보라. 그렇게 하는 것이 당신의 동료이자 단일 언어 사용자일 수도 있는 독자들에 대한 의무이고, 또한 다른 문화권의 문학들에 대한 의무이기도 하다. 영어는 좋은 쪽으로든 나쁜 쪽으로든 이 세상에서 너무도 지배적인 언어이기 때문에, 어느 작가의 작품이 영어로 번역되면 그 작가는 곧바로 더 많은, 어쩌면 전 세계에 퍼져 있는 독자들을 얻게 된다. 그리고 그 독자들 가운데 이번에는 그 작품을 또 다른 언어로 번역해 더 멀리로 보내줄 번역가가 있을 수도 있다.

그리고 당신은 좀 다르게 생각하거나 가르침을 받아왔을지도 모르겠지만, 한 명의 번역가로서 지닐 수 있는 가장 중요한 기술은 외국어에 대한 전문 지식이 아니라 자신의 모국어로 글을 잘 쓰는 능력이다.

---

* '점프'를 뜻하는 헝가리어.

30. 마지막으로, 언어와 글쓰기에 관해 겸허한 마음을 유지하라.

(2013)

형식과 영향력
자기만의 범주를 만드는 글쓰기에 관하여

초판 1쇄 발행 2024년 1월 26일
초판 3쇄 발행 2024년 12월 13일

지은이 리디아 데이비스
옮긴이 서제인
편집 나희영
디자인 원과사각형

펴낸곳 에트르
등록 2021년 11월 10일 제2021-000131호
이메일 etrebooks@gmail.com
인스타그램 @etrebooks

ISBN 979-11-978261-4-6 03800

이 책 내용의 일부 또는 전부를 재사용하려면
반드시 저작권자와 에트르 양측의 동의를 받아야 합니다.
잘못된 책은 구입하신 서점에서 바꿔드립니다.